W0196371

Linda Jarosch / Andrea Larson

Ich sehe dich und finde mich

Inhalt

Einleitung

Das schönste Geschenk, das eine Mutter ihrer Tochter und eine Tochter ihrer Mutter machen kann, ist die Erlaubnis, sie selbst zu sein.

Geliebt und frei gelassen zu werden sind sicherlich die zwei größten Sehnsüchte in jeder menschlichen Beziehung. In keiner ist dieser Wunsch jedoch so umfassend wie zwischen Müttern und Töchtern. Einerseits ist das Verhältnis zwischen Müttern und Töchtern oft ausgesprochen nahe und freundschaftlich, andererseits ist es häufig auch höchst spannungsgeladen und distanziert. Als erwachsene Tochter wünschen wir uns von unserer Mutter als selbstständige Person gesehen und geliebt zu werden. Stattdessen erfahren wir jedoch oft unausgesprochene Erwartungen, Bewertungen und Einengungen. Als Mutter dagegen hoffen wir, dass unsere Tochter unsere Lebensentscheidungen akzeptiert und uns unsere Schwächen verzeiht. Oft ernten wir stattdessen Kritik und Vorwürfe und dies verstärkt das Gefühl in uns, als Mutter nicht gut genug zu sein.

Wenn sich beide Seiten nach Liebe und Akzeptanz sehnen, warum ist es dann oft so schwierig, sich diese gegenseitig zu schenken?

Der Grund liegt in der Besonderheit der Mutter-Tochter-Beziehung. Sie hat vielleicht den stärksten Einfluss auf unser Leben. Die Mutter ist normalerweise die erste Person, die uns Liebe schenkt. Ihre Art zu lieben prägt sich tief in uns ein. Selbst wenn wir nach unserer Geburt von der Mutter getrennt worden sind oder wenn wir sie durch andere Umstände verloren haben – zwischen Mutter und Tochter bleibt doch eine besondere und unerklärliche Verbindung.

Zudem sind wir beide weiblich und wir sind uns optisch und charakterlich oft ähnlich. Dadurch agieren wir nicht selten ungewollt als Spiegelbilder. Was wir in diesem Bild sehen, kann in uns Gefühle von Nähe und Stolz auslösen, aber genauso Ärger und Ablehnung erzeugen. Denn trotz unserer Gemeinsamkeiten sind wir immer auch gänzlich anders. Wie wir dieses Anderssein im Miteinander leben können, ist ein entscheidender Aspekt für das Gelingen unserer Mutter-Tochter-Beziehung.

Als jugendliche Tochter lehnen wir meist jegliche Ähnlichkeit mit unserer Mutter ab. Als erwachsene Tochter erkennen wir, dass wir manche unserer Gleichheiten nicht verleugnen können – oder es auch gar nicht mehr wollen. Trotzdem machen wir unserer Mutter vielleicht immer noch Vorwürfe, versuchen sie zu verändern oder gehen auf Distanz. Als Mutter fühlen wir uns dann möglicherweise angegriffen, unverstanden oder abgelehnt.

Unsere gegenseitigen Anklagen und Vorwürfe sind eindeutige Zeichen für den Stillstand in unserer Mutter-Tochter-Beziehung. Das ist ein großes Problem, denn darin zeigt sich, dass wir es noch nicht fertiggebracht haben, uns wirklich von der Mutter (oder der Tochter) zu lösen und eigenständige Persönlichkeiten zu werden. Umgekehrt sind wir auch nicht bereit, die Unabhängigkeit der anderen zu achten. Wir nehmen sie nicht als eigenständige Frau wahr mit ihrer einzigartigen Lebensgeschichte.

In unserer Beziehung zur Mutter schwingt immer der Mythos von der Traummutter mit. Die allliebende Mutter soll eine Quelle von Liebe und Freundlichkeit sein, sie soll Fürsorge zeigen und unsere Beschützerin sein. Am besten soll sie uns immer gerade dann nahe sein oder loslassen, wenn wir es wünschen. Die Mutter soll uns verstehen und so annehmen, wie wir sind.

Dies ist die Sehnsucht nach bedingungsloser Liebe, die wir in uns tragen. Wir brauchen dieses innere Bild der »guten« Mutter auch, damit wir eine Orientierung haben, wie wir uns in der Mutterliebe weiterentwickeln können. Dieses Bild kann allerdings von keiner Mutter erfüllt werden, weil jede Mutter in ihrer Liebesfähigkeit begrenzt bleibt; trotz aller Bemühungen. Diese Grenze kennt die Tochter genauso in ihrer Liebe zur Mutter. Nur wollen beide sie oft nicht wahrhaben.

In vielen Beziehungen gelingt es aber auch den Töchtern, die Lebensumstände und Entscheidungen der Mutter als Bereicherung und Anregung zu sehen. Viele Mütter können ebenfalls das Leben ihrer Töchter respektvoll als interessante Entwicklung betrachten. Im Mittelpunkt steht dabei auch die Frage, ob die Mutter ihren eigenen Lebensweg annehmen, und ob die Tochter diesen Weg respektieren kann. Das wird nur gelingen, wenn die Mutter ehrlich mit ihren Lebensentscheidungen ist und mit der Andersartigkeit ihrer Tochter Frieden schließt. Akzeptiert auch die Tochter die Ähnlichkeiten zu ihrer Mutter und achtet trotzdem ihre eigene Individualität, dann können beide frei werden von ihren inneren Abhängigkeiten und sich neu begegnen. Eine eigenständige Frau zu sein und trotzdem ein positives Miteinander zu spüren, das ist im Tiefsten die Sehnsucht nach einer zufriedenen Mutter-Tochter-Beziehung.

Ob wir nun eine nahe und liebevolle oder eine schwierige und distanzierte Mutterbeziehung haben, wir können aus jeder Beziehung ein Bewusstsein für unsere eigene Kraft entwickeln. Denn in der Geschichte mit unserer Mutter liegt nie nur etwas Willkürliches von zu viel oder zu wenig Liebe. Es liegt darin die Aufgabe und das Ziel, neben der Mutter eine unabhängige Frau zu werden und doch mit ihr verbunden zu bleiben. So klar und authentisch wir in der Beziehung zur Mutter sind, so klar können wir uns auch in andere Beziehungen einbringen.

In den verschiedenen Facetten der Mutter-Tochter-Beziehung zeigen wir, selbst Mutter und Tochter, auf, welche Chancen die Mutter-Tochter-Beziehung offenbart: In ihr liegt der Schlüssel zur eigenen Kraft.

Andrea: Die Beziehung zu meiner Mutter wird in der folgenden Geschichte besonders anschaulich. Auch wenn die Situation noch so trivial erscheinen mag, sagt sie doch alles über meine Mutter, mich und unser Miteinander aus.

»Ich liebe diese Carolina-Luft« sagt meine Mutter glücklich, als wir aus dem Flughafenterminal hinaus zum Parkplatz spazieren. Es war Spätherbst, aber die Luft war noch mild und hatte den typischen süßlichen Magnolien-Geruch der amerikanischen Südstaaten. So wie früher, während unserer Familienurlaube in Italien, bei denen kurz nach der Grenzüberschreitung das Autofenster runtergekurbelt und freudig die italienische Luft eingeatmet wurde. »Bella Italia« rief meine Mutter damals, und erklärte, dass es plötzlich schon viel schöner sei und alles besser dufte, als noch vor eine halben Stunde. Dieses Mal hatte ich allerdings meine Mutter in Raleigh abgeholt, der Hauptstadt von North Carolina, wo ich nun schon seit gut zehn Jahren wohne. Frisch sah sie aus, man merkte ihr die Strapazen des Fluges gar nicht an. Ihre Vorfreude auf die Enkel schienen ihr einen extra Schub Energie gegeben zu haben. Sie erzählte mir von ihrer Arbeit und dass sie sich darauf freue, nun eine ganz andere Energie mit den Kindern zu spüren. Einige kleine Mitbringsel hatte sie dabei, und ich merkte, dass sie sich genauso freute sie zu verschenken, wie die Kinder sich freuten, sie zu bekommen. Dabei erinnerte sie mich an meine Großmutter, die Mutter meiner Mutter, die uns Kindern ebenfalls bei jedem Besuch eine Kleinigkeit mitbrachte und sich dabei genauso freute wie wir.

Wir hatten noch eine halbstündige Autofahrt vor uns, bevor wir in Chapel Hill, meiner neuen Heimat, ankamen. Ich bin mir sicher, dass es meiner Mutter sehr schwer gefallen ist, mich auf Dauer so weit weg von zu Hause zu wissen, und dennoch weiß ich, dass sie glücklich ist, weil ich glücklich bin. Außerdem steckt in meiner Mutter eine Abenteurerin, deren Interesse an fremden Ländern und Kulturen genauso stark ist wie meines. Trotz Abschiedsschmerz hat sie sich damals tapfer dafür entschieden, der Freude für mich und den neuen Möglichkeiten mehr Raum zu geben als ihrer Trauer. Ich denke heute auch, dass wir beide unbewusst merkten, dass die Zeit reif war, sich gegenseitig frei zu lassen. Ich habe immer gespürt, dass meine Mutter noch eine ungelebte Seite hat, der sie nicht genügend Raum geben würde, wenn wir Kinder in ihrer Nähe bleiben würden. Und sie wusste sicherlich, dass ich erst durch die Distanz ganz zu mir finden könnte.

Oft wurde ich gefragt, ob meine Eltern nichts dagegen gehabt hätten, als ich meinem amerikanischen Freund nach Chapel Hill folgte, um dort zu studieren. Interessanterweise kann ich mich nicht wirklich an große Diskussionen darüber erinnern. Ich schätze es immer noch sehr, dass sie mich ziehen ließen, weil sie mich und mein Wesen verstanden haben. Mein damaliger Freund ist seit fast zehn Jahren mein Ehemann, mein Studium habe ich erfolgreich abgeschlossen und wir haben drei Kinder.

In vielerlei Hinsicht gehe ich denselben Weg wie meine Mutter. Zu Beginn zwar unbewusst, aber im Nachhinein nicht verleugbar. Und doch sind wir beide Kinder unserer Zeit. Ich habe drei Kinder bekommen, so wie sie, sogar in derselben Reihenfolge: zuerst zwei Mädchen und dann einen Jungen. Meine Mutter blieb damals, wie die meisten Mütter, bei uns zu Hause. Selbst wenn die beruflichen Möglichkeiten für Mütter schon so gewesen wären wie heute, kann ich mir trotzdem nicht vorstellen, dass sie einen grundlegend anderen Weg eingeschlagen hätte. Und auch ich will die Zeit mit meinen Kindern nicht missen. Trotz ihres, nach außen hin tradtionellen Weges, ist meine Mutter eine richtige Feministin – es geht ihr dabei nicht so sehr um die offensichtliche Gleichheit in Beruf oder Haushaltsangelegenheiten, sondern um den gegenseitigen Respekt zwischen Mann und Frau, um die Honorierung ihrer Werte und Unterschiede. War meine Mutter noch eine von vielen Hausfrauen ihrer Generation, lebe ich dieselben Werte, als eine von sehr wenigen in meinem Umfeld.

Als wir unter dem Vordach unseres Hauses parkten, liefen uns die Kinder schon entgegen. Die Freude, ihre Oma zu sehen und die Freude meiner Mutter, endlich wieder Oma sein zu können, waren nicht zu übersehen.

Linda: »Mama, wir müssten mal ein Buch über Mütter und Töchter schreiben!« – das war Andreas spontaner Ausruf, nach einem der vielen Gespräche über uns als Mutter und Tochter. Sie will, ähnlich wie ich, die Zusammenhänge ihres Lebens verstehen. Sie will wissen, warum Beziehungen gelingen, und was es schwer macht, sie zu leben. Sie sucht diesen Austausch, weil sie ihre und meine Erfahrungen und Ansichten zueinander in Beziehung setzen will. Diese Art der Nähe ist für uns beide wichtig, gerade weil wir räumlich so weit voneinander entfernt leben.

Ihr Weggehen nach Amerika war für mich mit intensivem Abschiedsschmerz verbunden. Gleichzeitig war es ein ganz natürlicher Prozess meines Mutterseins. Ich wollte unsere Kinder in die Selbständigkeit führen und sie zu eigenen Entscheidungen ermutigen. Es war ja auch der Weg ihrer Liebe. – Ihr Glück zu sehen, war mir wichtiger, als sie in Deutschland zu wissen, vielleicht ohne dieses Glück.

Ich wollte, dass sie ihren Weg frei gehen kann und nicht durch Schuldgefühle an mich gebunden bleibt. Eine Tochter ist für eine Mutter auch kein Besitz, über den sie verfügen kann. Es ist eine Beziehung und die bedeutet Bewegung und Veränderung. Im Prozess des Loslassens hat mich auch die Erinnerung an meine Jugend gestärkt, in der ich nicht einfach gehen konnte – und durfte. Ungewisse Ängste meiner Mutter und die Schuldgefühle, die sie in mir verursachten, waren wie eine Last für mich, als ich meinen eigenen Weg finden wollte. Das wollte ich nicht weitergeben. Heute sehe ich allerdings auch, dass Mütter oft ein gutes Gespür für die Reife ihrer Töchter haben. Sie können daher durchaus beschützend wirken, wenn sie, gegen den Drang der Töchter, Grenzen setzen.

Die Beziehung zu Andrea war schon früh davon geprägt, dass sie anders sein wollte als ich. Egal was ich ihr als Kind zeigte, sie machte es nicht einfach nach, sie machte es anders! Ich hätte sie als Mutter manchmal gerne mehr nach meinen Vorstellungen gelenkt, aber sie hat mir ihre Abgrenzung deutlich gezeigt. Das hat mir sehr früh klar gemacht, dass ich zu lernen habe, sie als die Person zu sehen, die sie ist. Interessant ist, dass ich heute als Großmutter ihrer Kinder sehe, wie sich dieses Verhalten gerade bei ihren beiden Töchtern wiederholt.

Andrea ist ihren Weg sehr selbstbestimmt gegangen. Bei wichtigen Entscheidungen war mein mütterlicher Einfluss für sie, zumindest vordergründig, nicht bedeutend. Sie weiß meist sehr genau, was sie will, weil sie gut auf sich hört. Das ist mir besonders bewusst geworden, als sie nach ihrem Studium eine ganz andere Entscheidung für sich traf, als es alle von ihr erwarteten. Sie war in ihrem Studium zielstrebig und leistungsbezogen und hätte sehr leicht einen beruflichen »Karriereweg« gehen können. Aber zu mir sagte sie einmal: »Ich bin schon richtig auf der üblichen Leistungsschiene und das will ich nicht. Mir ist es wichtig, auch meine Weiblichkeit auszudrücken. Ich möchte zuerst Familie leben und danach meinen beruflichen Weg gehen.« Das war ein sehr mutiger Schritt. Denn die gesellschaftliche Erwartung an die jungen Frauen war und ist, dass sie mit ihrer Ausbildung beruflich erfolgreich sein sollen. Ich habe mich auch dabei ertappt, dass ich einen Moment den Gedanken hatte: aber sie hat doch beruflich alle Möglichkeiten vor sich? – Im Innersten jedoch war mir klar, dass dieser Weg für sie so stimmig ist. Ich habe mich auch gefreut zu sehen, dass meine Art des Mutterseins sie dazu ermutigt hat, einen ähnlichen Weg zu gehen.

Eine Tochter verstärkt immer das Weibliche. Sie gibt der Mutter auch die Chance, sich als Frau immer wieder neu zu entdecken. Wenn sie offen dafür sind, werden Mütter durch ihre Töchter oft zu ganz neuen Seiten geführt. So belebte Andreas Umzug nach Amerika in mir die Erinnerung, dass ich als junges Mädchen schon viel über die Südstaaten gelesen hatte. Offenbar trage auch ich eine Sehnsucht nach einer weiteren Welt in mir.

Mutter-Tochter-Beziehungen sind in jeder Hinsicht spannend, manchmal auch spannungsgeladen. Sie können zur Einengung oder zur Freiheit führen – es liegt an uns, welchen Weg wir wählen. Gerade weil es häufig nicht leicht ist, die andere aus einer neuen Perspektive zu sehen, alte Verhaltensmuster und Sichtweisen abzulegen, soll dieses Buch Mütter und Töchter dabei unterstützen, ihren eigenen Weg in ihrer Beziehung zueinander zu finden. Sie stärken dadurch sich selbst und tragen das Weibliche weiter in die Welt hinein.

Das schöne schwere Miteinander
Mutter und Tochter erleben sich in allen Facetten

Es ist ein sich stets wiederholendes Phänomen: ob bei Preisverleihungen wie dem Bambi in Deutschland oder den Oscars in Hollywood – die Preisträger danken fast immer ihren Müttern, während die Väter selten erwähnt werden. Genauso wie für das Gute, werden Mütter aber auch für vieles, was im Leben ihrer Kinder schiefläuft, verantwortlich gemacht. Diese Polarisierung der Mutter zwischen »gut« und »böse« ist nichts Neues. Schon in der griechischen Mythologie wird Demeter als die gute Mutter gepriesen, eine Quelle der Nahrung, Fürsorge und Fruchtbarkeit. Im Gegensatz dazu steht die indische Göttin Kali, die mit einer Kette aus Knochen um den Hals und einem schwingenden Messer in der Hand dargestellt wird. Kali spendet als Mutter Leben, sie zerstört es aber auch wieder. Gleichwohl wird Kali im Hinduismus geachtet: Die Zerstörung des Lebens ist ambivalent, denn sie bietet zugleich den Anfang für Erneuerung. Das Bild dieser Göttin steht für die Auseinandersetzung mit Macht und Gefährlichkeit, mit der dunklen Seite des Mütterlichen.

In jeder Mutter-Tochter-Beziehung kommen beide Seiten zutage. Ob die nährenden oder die zerstörerischen Tendenzen überwiegen, hängt von der Geschichte und den Charaktereigenschaften der Mutter ab, von ihrem sozialen Umfeld und davon wie viel Unterstützung sie in ihrem Muttersein erfährt. Es hängt in gleichem Maße von ihrer Zufriedenheit mit ihrem Lebensweg und ihrer Partnerschaft, und nicht zuletzt auch vom Temperament ihrer Tochter ab.

Grundsätzlich will jede Mutter ihr Kind lieben. Leider steht dieser Liebe manchmal die Lebenssituation oder die eigene Vergangenheit im Wege. Die Tochter als Spiegelbild vor sich zu haben, bringt nicht nur glückliche Kindheitserinnerungen, sondern auch schmerzhafte Erfahrungen und alte Komplexe ans Tageslicht, die eine Frau in ihren Muttergefühlen blockieren können. Die Tochter wiederum will nichts anderes, als von ihrer Mutter geliebt zu werden – wie und ob dies geschieht, liegt im Vermögen der Mutter. Natürlich wirkt auch das Zusammenspiel mit den Eigenarten der Tochter in diese Beziehung hinein. Die Psychologin Florence Wiedemann sagt dazu: »Keine Mutter ist eine Göttin, die immer gut ist. Jede von uns ist nur eine gewöhnliche Frau, die versucht so gut zu sein, wie es ihr möglich ist.«

Dies gilt in gleicher Weise auch für die Tochter: Sie ist kein Engel, sondern ein Mensch mit eigenen Wesenszügen, mit denen eine Mutter umzugehen hat. Wie auch immer sie aufeinander reagieren, in ihrem Verhalten steckt doch im Tiefsten die Sehnsucht nach Liebe, nach Anerkennung und Respekt. An diesem Punkt sind beide Frauen miteinander verbunden, auch wenn ihr Verhalten etwas anderes auszudrücken scheint. Wenn beide sich dieses tiefe Bedürfnis ehrlich eingestehen, kann sich ihr Verhalten zueinander neu ausrichten. Ob Mutter und Tochter eine warmherzige oder kühle Beziehung zueinander haben – sie können als erwachsene Frauen aus dieser gemeinsamen Sehnsucht heraus entscheiden, ihre Beziehung groß und wertvoll zu machen. Denn wie schwer manche Mutter-Tochter-Beziehung auch auszuhalten ist, sie ist nicht einfach ein Geschehen, das sich den beiden in den Weg stellt. Sie beinhaltet vielmehr die Frage: Welche Aufgabe habe ich durch diese Geschichte bekommen und was ist mein persönlicher Reifungsweg, den ich hier zu gehen habe?

Die Antwort finden wir nicht in unseren Anklagen und Vorwürfen, sondern indem wir die Frau erkennen, die unsere Mutter geworden ist. Wenn wir eine Brücke bauen zu der Geschichte unserer Mutter, dann wollen wir wissen: Was hat sie bewegt, diese Mutter zu sein? Welche Träume hatte sie von ihrem Leben und worunter hat sie gelitten?

In diesem Erkennen geht es nicht darum, die Mutter zu bewerten, sondern sie tiefer anzusehen und ihre Haltung verstehen zu lernen, ohne etwas zu beschönigen. Verstehen heißt auch, sich auf ihre Position zu stellen, sich »ihre Schuhe anzuziehen« und aus diesem Blick heraus auf unsere Beziehung zu schauen. Dadurch sehen wir sie neu und können ihr eine neue Wertschätzung geben. Es ist gerade die Besonderheit unserer ganz persönlichen und einzigartigen Mutter-Tochter-Beziehung, die uns einen Weg zur Liebe für unser eigenes Leben aufzeigt.

Die folgenden Mutterbeispiele sind uns allen bekannt – die allzu fürsorgliche Mutter, die Frustrierte, die Kritikerin, die Freundin, die Abwesende und die Unabhängige. So manche Mutter erkennt sich in einer dieser Haltungen vollständig wieder – eine andere sieht sich als eine Verbindung aus verschiedenen Rollen, auch je nach Lebensabschnitt. Auf irgendeine Weise trägt jede Frau, jede Mutter Teile dieser Haltungen in sich.

Jede dieser Formen des Mutterseins kann gute Seiten haben. Wenn sie aber in ein Zuviel oder Zuwenig geraten, können sie zu Lieblosigkeit führen. Zum Nachteil werden diese Muttermerkmale auch, wenn durch ihr Verhalten die eigenen Komplexe verdeckt werden und dadurch die Mutterliebe an Qualität abnimmt. Für den eigenen Wachstumsprozess als Mutter ist es hilfreich darüber nachzudenken, in welcher Situation welche Mutterseite zum Vorschein kommt.

Jede Mutter, und auch jede Tochter, kann Situationen aufzählen, die sie im Nachhinein ungeschehen machen will und von denen sie sich sagt, dass das gezeigte Verhalten eigentlich nicht zu ihrem Charakter passt. Wenn die echten Gefühle hinter der Fassade des Verhaltens angeschaut und ernstgenommen werden, können Mütter und Töchter ihre Reaktionen besser verstehen und den ersten Schritt hin zur Veränderung machen. Diese Ehrlichkeit erleichtert die Beziehung und kann aus dem schweren wieder zu einem schönen Miteinander führen.

»Ich sorge mich um dich« – Die allzu fürsorgliche Mutter

Die allumsorgende Mutter repräsentiert nach außen das Bild der Göttin Demeter – sie ist immer für ihre Kinder da und kann ihnen ihre Wünsche von den Lippen ablesen. Sie ist eine Kompetenz, wenn es um Kindererziehung geht und bietet ihrer Familie ein kuscheliges Heim. Oft geht sie voll und ganz in ihrer Mutterrolle auf. Im Idealfall ist sie die emotionale und spirituelle »Anlaufstation« ihrer Familie.

Nach diesem Urbild einer umsorgenden Mutter sehnen sich viele Töchter. Sie verbinden damit Geborgenheit und Wärme, Fürsorge und Behütetsein. In diesen Müttern finden sich häufig auch Herzlichkeit, Verständnis und Aufgeschlossenheit. Gerade für diejenigen Frauen, die wenig von dieser Art der Mütterlichkeit erfahren haben, bleibt diese Vorstellung oft für lange Zeit ein Wunschbild. Es gibt auch nichts Schöneres, als zu bestimmten Zeiten in unserer Kindheit dieses Umsorgtwerden zu erfahren. Selbst wenn wir uns als erwachsene Frauen krank oder verlassen fühlen, taucht diese Sehnsucht nach mütterlicher Fürsorge manchmal wieder in uns auf.

Eine Mutter kann in dieser Haltung große Erfüllung finden. Sie kann sich von Herzen über die Zufriedenheit ihrer Kinder freuen und über das eigene Gefühl, dass sie gut für sie sorgt. Dass sie ihre Kinder für eine gewisse Zeit zu ihrem Lebenszweck macht, ist für sie ganz natürlich. Sie spendet ihnen das Leben und sie will Sorge dafür tragen, dass dieses Leben gedeiht.

Gleichzeitig haben heute viele Frauen das Gefühl, als müssten sie sich für diese Stärke ihrer Mütterlichkeit rechtfertigen. Sie fühlen sich schnell in die Rolle der Übermutter gedrängt, in der sie zur Zielscheibe der Anfeindungen von anderen Müttern oder der Gesellschaft werden. Dabei gibt es heute einen Trend, von Müttern zu erwarten, dass sie alles perfekt machen müssen: Sie sollen ihre Kinder durch verschiedene Leistungsangebote in jeder Hinsicht fördern, sie sollen alles über gesunde Ernährung wissen und bei Krankheiten am besten auch noch die seelischen Zusammenhängen erkennen. Die Konzentration auf Sauberkeit und Ordnung begrenzt bei vielen Müttern dann oft den Blick auf Lebendiges und Spontanes der Kinder, weil die Angst vor der Wertung anderer im Vordergrund steht.

Eine Frau muss sich für die allumsorgende Seite ihrer Mütterlichkeit nicht rechtfertigen. Sie kann sie stattdessen als ihre persönliche Stärke anerkennen und zu ihr stehen. Aber sie muss sich dabei immer bewusst machen, dass jede Tochter schon früh einen starken Drang hat, sich von der Mutter abzugrenzen, da sie eine eigenständige Persönlichkeit sein möchte. Für diesen Drang hat die allumsorgende

Mutter nicht immer das notwendige Gespür. Sie möchte ihrer Tochter alles recht machen und versucht ihr zu vermitteln: »Bleib bei mir, hier geht es dir gut, weil ich am besten weiß, was du brauchst.« Eine Tochter lernt dabei kaum, ihre eigenen Instinkte in Bezug auf Gefahren oder Herausforderungen zu entwickeln. Und eine stark behütende Mutter traut ihr genau das auch oft nicht zu.

Veronika, eine junge Studentin, erzählt von einer Situation, in der sie das mangelnde Zutrauen ihrer Mutter wie das Ausüben ihrer Macht empfunden hat: »Nach dem Abitur habe ich mit Begeisterung eine Reise mit zwei Freundinnen nach Sardinien geplant. Eine meiner Freundinnen hatte seit zwei Jahren ein eigenes Auto, wir wollten uns auf der langen Strecke mit dem Fahren abwechseln. Im Vorfeld dieser mehrwöchigen Reise habe ich gespürt, dass meine Mutter gegen diese Reise war. Dabei sprach sie nicht offen über ihre Gefühle, sondern brachte alle möglichen Gründe hervor, um mich von dieser Reise abzuhalten. An einem Tag meinte sie, die Automarke der Freundin sei ja bekannt dafür, sehr reparaturanfällig zu sein. Am anderen Tag zweifelte sie an den Fahrkünsten meiner Freundinnen, und am dritten Tag fragte sie: »Was ist, wenn euch unterwegs etwas passiert? Dann seid ihr doch allein!« Diese Frage stellte sie sogar im Beisein meiner Freundinnen und das machte mich wütend, denn sie traute mir und meinen Freundinnen gar nicht zu, mit unvorhersehbaren Situationen umgehen zu können. Sie hätte mich am liebsten bei sich behalten, ich fühlte mich von ihr klein gehalten und ihre übertriebene Sorge kam mir vor wie Macht. Um mich davon zu befreien, konnte ich nicht anders, als einen drastischen Weg zu wählen. Beim Abschied kündigte ich meiner Mutter an, dass ich von unterwegs nicht anrufen würde. Ich wollte einmal Zeit für mich haben, ohne

ihre sorgenden Fragen und außerdem wollte ich sie dazu
bringen, mir zu vertrauen.«

Ähnlich wie Veronikas Mutter verdrängen viele Frauen,
dass ihre ausgeprägte Bemutterung auch eine schwächende
Seite hat, die nicht nur die Tochter, sondern auch sie selbst
in ihrer Entwicklung hemmt und Wachstum verhindert.

Wenn hinter dieser fürsorgenden Mutterrolle eine Frau
steht, die sich nur noch über ihre Kinder definiert, wird ihre
Haltung zum Problem. Diese Frau wird leicht zur Märtyre-
rin, indem sie ihren Kindern und ihrem Ehepartner die Liebe
und Fürsorge schenkt, die sie sich selbst nicht zugesteht. Es
handelt sich oft um Frauen, die ihre eigenen Gefühle nicht
ernst nehmen, oder sich womöglich gar nicht mehr spüren.
Besonders in kinderreichen Familien, die bis zur Einführung
der Pille noch häufig waren, konnte dem Individuum nicht
der Raum zur Entfaltung gegeben werden, wie wir es heute
gewöhnt sind. Eigene Wünsche, vor allem der Mütter, mussten unterdrückt werden und das ›Ich‹ musste für das Gelingen des Familienalltags zum ›Wir‹ umfunktioniert werden.
Auch die strengere Erziehung bis in die sechziger Jahren und
die ärmeren Verhältnisse machten Individualität für die Generation unserer Eltern und Großeltern nahezu unmöglich.
Frauen haben zudem den historischen Nachteil, dass sie sich
für Jahrtausende fast ausschließlich über den Status und das
Wohlhaben ihres Mannes oder den Erfolg ihrer Kinder definieren konnten. Somit war ihr eigenes Glück selten im
Vordergrund und wurde fast ausschließlich durch andere und
nicht durch sie selbst bestimmt.

Von der umsorgenden Mutter kann der Satz stammen:
»Mein größter Erfolg sind meine Kinder! – Warum auch
nicht?«, wird sie sagen. »Andere Frauen hängen ihre ganze
Energie in eine Berufstätigkeit und mein Beruf ist eben

Mutter und der kann genauso erfolgreich sein.« Viele Töchter träumen davon, einen solchen Satz aus dem Mund ihrer Mütter zu hören, nicht unbedingt aber die Tochter einer allumsorgenden Mutter. Für deren Mutter ist ihre Tochter der einzige Erfolg und das kann sie durchaus als Belastung empfinden.

Denn die Mutter, die sich fast ausschließlich über ihre Kinder definiert, muss ihr Umfeld stark kontrollieren und tendiert dazu ihre Kinder klein zu halten, ja sie droht, ihre Kinder fast mit ihrer Liebe zu ersticken. Im Innersten kontrolliert sie aber oft streng ihre eigenen Lebenswünsche, die sie als Frau jenseits ihrer Mutterrolle in sich trägt. Das gesunde Gefühl, geliebt und gebraucht zu werden, ersetzt bei der besorgten Mutter das Gefühl, sich selbst kennen und lieben zu lernen. Mit ihrer Überfürsorge trägt sie nicht unbedingt zum Wohlergehen der Kinder bei. Zwar mangelt es den Kindern nicht an Zuwendung, aber Mutterliebe heißt auch, das Kind in seinen eigenen Gefühlen zu stärken und sein Leben ohne Mutter meistern zu lassen. Fürsorgende Mütter versuchen oft mit allen Mitteln ihren Kindern unangenehme Situationen zu ersparen, um nicht deren Traurigkeit und Frustration aushalten zu müssen. So wie ein Kleinkind sich in der Symbiose mit seiner Mutter sieht, sieht sich die allumsorgende Mutter in einer Symbiose mit ihrem Kind. Steht eine solche Frau dann vor einem neuen Entwicklungsschritt, der eine Lockerung der Beziehung zu ihrer Familie bedeuten würde, etwa durch Einschulung oder die Möglichkeit zum beruflichen Wiedereinstieg, wird sie häufig erneut schwanger, um ihre Rolle als fürsorgende Mutter nicht zu verlieren.

Ulrike, Mutter von fünf Kindern konnte das für sich bestätigen: » Ich habe drei Kinder in nahem Abstand bekommen und als das jüngste Kind in die Schule kam, habe ich mich gefragt, was ich jetzt mit meiner neu gewonnenen Zeit anfangen will. In dieser Zeit traf ich zufällig meine frühere Arbeitgeberin wieder und sie bot sie mir überraschenderweise an, in Teilzeit bei ihr zu arbeiten. Ich war zuerst begeistert von dieser Möglichkeit, aber je mehr ich darüber nachdachte, desto stärker wurde meine Unsicherheit. War das nicht doch zu viel für mich, konnte ich das zeitmäßig überhaupt schaffen und wäre ich den heutigen Anforderungen von meinem Wissen her noch gewachsen? Doch nach einem Streit mit meinem Mann habe ich aus der Wut heraus meiner früheren Chefin spontan zugesagt. Alle Bedenken waren auf einmal weg, ich wollte einfach etwas Neues. Ich sollte im Januar anfangen, Ende November stellte ich fest, dass ich wieder schwanger war. Zuerst fiel ich fast in eine Depression, dann kamen mir solche Gedanken wie: mit Kinderkriegen kenn' ich mich aus, da muss ich nichts Neues lernen. Meine Unsicherheiten in Bezug auf den beruflichen Schritt waren scheinbar doch größer, als ich mir eingestanden hatte und durch die Schwangerschaft habe ich mich eindeutig dagegen entschieden. Zwei Jahre später kam unser fünftes Kind und damit habe ich die Gedanken für andere Möglichkeiten lange Zeit von mir geschoben.«

Wenn ihre Kinder ausziehen, kann für die umsorgende Mutter eine Welt zusammenbrechen, denn sie merkt, dass sie sich jetzt dem Vakuum stellen muss, das sie so lange erfolgreich umgangen hat. Manche Tochter traut sich gar nicht auszuziehen, weil sie instinktiv spürt, dass die Mutter ohne sie, im wahrsten Sinne des Wortes, verloren ist. Gleichzeitig hat sie selbst zu viel Angst vor der großen, unbekannten Welt, weil die Mutter sich in der Vergangenheit immer schützend vor sie gestellt hat und sie es sich selbst nicht zutraut, mit Fremdem und Unangenehmen alleine fertig zu werden.

Diejenigen, die trotzdem ausziehen, gehen oft auf weite Distanz oder suchen sich einen Partner, der die Nabelschnur zwischen Mutter und Tochter endgültig trennt. Das empfindet die Mutter als Niederlage und kann nicht verstehen, warum ihre Tochter sich ihrer Liebe entzieht. Dabei ist das Verhalten der Tochter sehr gesund: beide brauchen dringend frische Luft. Die Mutter hat zu lernen, die Tochter ihren eigenen Weg finden zu lassen, um deren Liebe nicht zu verlieren. Für die Tochter ist es unerlässlich, sich in der Abwesenheit von der Mutter selbst erst einmal kennenzulernen, um ihre Liebe zur Mutter zu spüren, ohne Gefahr zu laufen, vereinnahmt zu werden.

In einigen Fällen haben überbehütende Mütter Überflieger als Töchter. Diese Töchter haben das ungelebte Potenzial der Mutter verinnerlicht und wollen in jedem Fall ihre Talente vielseitiger leben, als es ihre Mutter konnte. Die Grenze zur Mutter ist dann notwendig, damit die Tochter ihre eigene Kraft entwickelt.

Eine umsorgende Mutter, die zwar ihre Gefühle spürt, sich selbst aber nicht die Wichtigkeit zugesteht, auf ihre Gefühle zu hören, trägt in aller Stille eine schwere Ladung angestauten Ärgers mit sich. Diesen Ärger würde sie nie gegen ihre Kinder richten, die sie mehr liebt als sich selbst. Sie richtet ihren Zorn gegen sich selbst, und legt damit die Basis für allerlei körperliche und emotionale Krankheiten – leider nicht nur für sich, sondern auch für ihre Tochter, die diese stillen Aggressionen unbewusst spürt. In einer internationalen Studie über Essstörungen wurde etwa herausgefunden, dass Töchter ihre Nahrung stark begrenzen oder zumindest mit ihrem Körper unzufrieden sind, wenn ihre Mütter eine geringe Autonomie demonstrieren. Es ist fast so, als ob sie sagten: »Ich will deine Nahrung nicht mehr – ich will die Kontrolle darüber selbst übernehmen – kümmere du dich um deine eigene Nahrung.« Gleichzeitig bringt sich die Tochter mit diesem Verhalten in einen gesundheitsgefährdenden Zustand, der die Mutter umso mehr in ihrer beschützenden Rolle herausfordert und beide in einem Teufelskreis gefangen hält.

Christine hat vier Kinder und erlebt diese Situation gerade mit ihrer jüngsten 14-jährigen Tochter. Diese ist seit etwa einem Jahr magersüchtig und obwohl sie in ärztlicher und therapeutischer Behandlung ist, zeigt sich kaum eine Besserung. Nach anfänglicher Ohnmacht und großer Sorge hat Christine inzwischen eine tiefe Wut auf ihre Tochter, die sie aber nicht äußert. Sie meint, sie hätte ihren Kindern alles gegeben und jetzt hätte sie darauf gehofft, endlich wieder mehr an sich denken zu können. Sie erzählt, dass eine Freundin ihr angeboten hätte, bei ihr in der Gärtnerei mitzuhelfen und sie das liebend gerne tun würde. Aber durch die Magersucht der Tochter fühle sie sich so an das Muttersein gebunden, dass für ihre eigenen Wünsche wieder kein Raum wäre. Dabei war nicht die Tochter der eigentliche Hinderungsgrund, sondern vielmehr der Widerstand von Christines Mann gegen den Wunsch seiner Frau, außerhalb des Hofes noch eine Arbeit anzunehmen. Dabei bringt der Hof nicht mehr den Ertrag früherer Zeiten ein und ein zusätzlicher Verdienst würde eine wohltuende Unterstützung bedeuten. Auf meine Frage, ob das Hungern der Tochter nicht auch etwas mit ihrem Hunger nach eigenem Leben zu tun haben könnte, kamen ihr sofort die Tränen. Ihr wurde auf einmal bewusst, dass sie emotional schon lange verhungert war. Vieles was sie als Frau genährt hätte, hatte sie sich versagt, genauso wie ihre Tochter. Dabei war sie in der Pubertät eher rebellisch und hatte sich nicht einfach den Vorstellungen der Eltern angepasst, sondern getan, was sie für richtig hielt. Sie meinte, diese rebellische Kraft würde ihr jetzt wieder helfen, sich ihrem Mann gegenüber zu behaupten und die Arbeit in der Gärtnerei anzunehmen. Ihre Tochter hätte am Anfang ihrer Pubertät auch gegen sie aufbegehrt und oft aggressiv reagiert, aber sie hätte das kaum zugelassen, weil sie beim vierten Kind keine Kraft mehr hatte, sich damit auseinanderzusetzen. Sie wusste auf einmal, dass sie und ihre Tochter genau diese Aggression brauchen, um eigene Lebenswünsche gegen andere Meinungen durchzusetzen. Hierin wollte sie ihre Tochter in Zukunft neu stärken.

Es ist nicht immer das Umsorgtwerden, das Kinder von der Mutter brauchen. Sie wünschen sich, dass sie wahrgenommen und erkannt werden, als diejenige, die sie von ihrem Wesen her sind. Dabei sehnen sie sich nach Unterstützung, damit sie die Stärken zeigen können, die in ihnen angelegt sind. Wenn aber eine Tochter dazu gedrängt wird, in das Bild zu passen, das die Mutter von ihr hat, wenngleich es ihr gar nicht entspricht, ist eine übertriebene äußere Fürsorge oft nur der Ersatz dafür. Diese Art von Fürsorge wird der Tochter irgendwann zu viel.

Die Ärztin Christiane Northrup beschreibt dazu, wie Hautausschläge oft Zeichen angestauten Ärgers sind, indem der Körper versucht, sich ein Schutzschild aufzubauen um sich regelrecht abzuschotten. Herzrhythmusstörungen sind auch ein häufiges Symptom von Töchtern, die sich von ihren Müttern erdrückt fühlen, sie aber nicht enttäuschen wollen. Dieses Symptom entwickeln auch Mütter, vor allem wenn sie Angst vor dem Verlust der Tochter empfinden, sich dieses Gefühl aber nicht eingestehen wollen.

Die Pubertät der Tochter ist für viele Mütter eine große Umstellung. Unsere Mutterrolle ist nicht mehr so eindeutig definiert – wir befinden uns irgendwo zwischen Fürsorge und Loslassen – meist abhängig von der hormonellen Tagesform unserer Tochter. Wir werden an unsere Jugendzeit erinnert, an unsere optimistische Leichtigkeit von damals, aber aus einem weiteren Blickwinkel, der Gefahren und Enttäuschungen erkennen kann, wo unsere Tochter nur Freiheit und Möglichkeiten sieht. Die Kraft der Tochter trotzdem zuzulassen, ihr Zutrauen zu schenken, und sie nicht aufgrund eigener Ängste zu begrenzen, ist einer der größten Liebesbeweise, die eine Mutter machen kann.

Hierzu erzählte eine 40-jährige Frau in einem Gespräch, dass sie die Sehnsucht, frei zu sein, wenig gekannt oder schon früh aufgegeben habe. Sie habe sich schon mit 14 Jahren in der Rolle wieder gefunden, andere zu bemuttern. Als älteste Tochter auf einem Bauernhof übertrug ihr die Mutter sehr früh die Aufsicht über ihre kleineren Geschwister. Dadurch konnte die Mutter mehr auf dem Feld und dem Hof mitarbeiten. Selbstverständlich packte die Tochter auch bei den Hausarbeiten mit an und wurde die rechte Hand der Mutter. Von der Mutter bekam sie dafür auch mal ein Lob, was ihr sehr wichtig war. Auch als sie später als Krankenschwester arbeitete, unterstützte sie in ihrer Freizeit die Mutter, während sich die anderen Schwestern wenig um die Eltern kümmerten. Sie hatte immer den Wunsch, eine eigene Familie zu haben und gut für sie zu sorgen. Als sie mit ihrem Mann drei Kinder bekam, lebte sie die Rolle der eifrigen Mutter, die ihr schon früh vertraut war und fühlte sich darin zufrieden. Doch als ihre älteste Tochter in die Pubertät kam und gerne mit Freundinnen ausging, veränderte sich etwas in ihr. Plötzlich wurde ihr bewusst, dass sie in diesem

Alter solch eine Unbeschwertheit nie gelebt hatte. Für Frei-
zeit und Jungmädchenfreuden war in ihrer Jugend so gut
wie kein Platz gewesen. Diese Erkenntnis brachte sie inner-
lich durcheinander und sie fühlte sich zunehmend hin und
her gerissen zwischen einer unerklärlichen Wut auf ihre
Tochter und Phasen eigener Traurigkeit und Niedergeschla-
genheit.

Als ich sie fragte, wie sie denn heute als erwachsene Frau
ihre Unbeschwertheit leben würde, fand sie zuerst einmal
keine Antwort. Erst allmählich fiel ihr dann manches ein,
was sie damit verbinden würde. Dabei leuchteten ihre Augen
und sie wirkte in dem Moment fast wie ein junges Mädchen.

Normalerweise spürt eine Mutter den Zeitpunkt, an dem
ihre starken mütterlichen Energien schwinden. Sie merkt es
entweder an ihrer Unlust, immer auf andere zu schauen oder
wenn ihre Kinder sich gegen zuviel Bevormundung aufleh-
nen. Eine überbehütende Mutter neigt dazu, diese Zeichen
der Wandlung zu übergehen und erst einmal an dem festzuhalten, was ihr vertraut ist. Sie hat meist die Frau in sich
nicht genug geachtet und weiß dann nicht, welchen Ausdruck sie ihr nach der Mutterzeit geben will. Von der eigenen Mutter hat sie dafür vielleicht auch kein Vorbild bekommen, deswegen fürchtet sie insgeheim die Leere, die ihrer
intensiven Mutterzeit folgen könnte. Genau darin liegt ihre
große Chance, denn mitten in dieser Leere wird sie die Seiten in sich entdecken, die sie bisher zu wenig gezeigt hat.
Vorausgesetzt, sie findet den Mut, sich dieser Leere zu stellen. Je vielfältiger eine Frau sich ausdrückt, desto erfüllter
fühlt sie sich auch. Um eine Tochter als Frau zu stärken,
sollte jede Mutter daran interessiert sein, ihrer Tochter mehr
von ihrem Frausein zu zeigen als ausschließlich den mütterlichen Ausdruck.

Andere stark behütende Mütter erkennen das Übermaß ihrer Fürsorge und warten nur auf die Zeit, wenn sie endlich frei davon sind, sich so intensiv um andere zu kümmern. Sie spüren, dass sie viel zu wenig an sich selbst gedacht haben und wissen gut, wie sie ihre neu gewonnene Zeit für sich gestalten wollen. Doch dann erleben viele Frauen, dass die eigene Mutter krank und aufgrund ihres Alters bedürftig wird. Und im Alter haben stark umsorgende Mütter die Tendenz, von ihren Töchtern gleich viel Fürsorge zu erwarten, wie sie ihnen als Mutter gegeben haben. Viele Töchter spüren diesen Erwartungsdruck und versuchen sich einzureden, dass sie der Mutter nun all das zurückgeben wollen, was sie von ihr bekommen haben. Sie werden zur Mutter für ihre eigene Mutter und halten auch sie manchmal klein, indem sie bestimmen, was sie braucht. Und manche Mutter holt sich auf diese Weise etwas, was sie bei der eigenen Mutter einst vermisst hat. Irgendwann spüren die Töchter diese Überforderung und wissen nicht, wie sie aus diesem Kreis von Erwartungen, schlechtem Gewissen und innerem Groll herauskommen sollen.

Anke, eine Frau von etwa 60 Jahren, suchte im Gespräch nach einem Weg, mit ihren Schuldgefühlen gegenüber ihrer 85-jährigen Mutter umzugehen. Nach anfänglicher Betreuung zu Hause hatte sie ihre Mutter ein Jahr zuvor in ein Heim gegeben, weil sie sich mit der Pflege schon länger überfordert gefühlt hatte. Auch ihre Ehe war dadurch in eine Krise geraten, denn ihr Mann fühlte sich zurückgesetzt und meinte, sie wäre mehr Tochter als Ehefrau. Anke sprach ganz offen mit ihrer Mutter darüber und die Mutter war auch bereit ins Heim zu gehen. Anfänglich besuchte Anke ihre Mutter jeden Tag im Heim, aber nach einer gewissen Zeit war ihr das zu viel. Sie sagte ihrer Mutter, dass sie ab jetzt jeden zweiten Tag kommen würde. Das aber akzeptierte die Mutter nicht, sie beklagte sich und meinte, sie hätte doch nur sie und sonst niemanden. Die Realität war allerdings anders, denn es gab noch einen Bruder und mehrere Verwandte, die die Mutter regelmäßig besuchten. Was der Tochter solche Schuldgefühle machte, war der Satz ihrer Mutter, dass die Tage, an denen sie nicht käme, nicht lebenswert wären. Und mit einem spitzen Unterton fügte sie hinzu, sie sei als Mutter auch für sie da gewesen! Gegen diesen Vorwurf hatte Anke kein Argument, sie hatte nur das Gefühl: ich gebe ihr nicht genug.

Eine Tochter kann sich bewusst machen, dass sie niemals die Mutterliebe zurückgeben kann, die sie von der eigenen Mutter bekommen hat. Es ist auch nicht ihre Aufgabe, denn sie ist und bleibt die Tochter und ihre Liebe ist anders als die der Mutter. Es ist die Aufgabe der Tochter herauszufinden, wie sie ihrer Mutter auch im Alter ihre Liebe zeigen will. Sie wird umso intensiver sein, je freiwilliger sie gegeben wird, denn Liebe, die aus Pflicht- oder Schuldgefühl gegeben wird, verliert ihre Kraft und die Freude am Geben. Eine Frau, die ihre Mutter nicht die Pflege geben kann und will, die sie im Alter braucht, darf sich diese Grenze offen eingestehen. Den meisten Frauen gelingt das nicht ohne Schuldgefühle, doch haben sie auch Verantwortung für ihr eigenes Leben, die sie nicht übergehen können. Ihre Mutter hat die Verantwortung für ihr Altwerden übergangen und halst sie jetzt der Tochter auf. Das kann eine Tochter nicht einfach übernehmen. Sie kann unterstützend wirkend in dem Maße, wie es ihr gegeben ist. Was ihr nicht gegeben ist, hat sie nicht, aber sie hat dann etwas anderes, was sie der Mutter geben kann. Sich darauf zu besinnen, das ist ihre Tochterliebe. Die Mutter konnte auch nicht alles geben und ist trotzdem geliebt. Oft ist es auch gar nicht die intensive Pflege der Tochter, nach der eine Mutter sich im Alter sehnt. Das ist häufig nur der Ersatz für einen viel tieferen Wunsch. Es ist der Wunsch, von der Tochter gesehen und verstanden zu werden, in dem was sie mit ihrem Leben ausdrücken wollte. Das wird eine Mutter besonders im Alter als tiefe Liebe empfinden.

Das Allumsorgende einer Mutter wird dann zur großen Qualität für die Tochter, wenn sie ihre Sorgen nicht als Machtausübung oder Ersatz für ihre eigenen Defizite sieht, sondern als Möglichkeit, die Tochter durch ihre Fürsorge zu eigener Stärke und Identität zu führen.

»Du bist anstrengend« – Die frustrierte Mutter

Alles, was wir *nicht* tun wollen, ist anstrengend. In gewisser Weise gehen wir dann auch »streng« mit uns um. Wir tun etwas dann nur, weil wir meinen, keine andere Wahl zu haben. Dabei haben wir immer wieder ein Gefühl von Ohnmacht und auf Dauer spüren wir Frustration. Oder wir gestehen uns einen Wunsch nicht ein und tun deshalb nichts, um ihn zu erfüllen. Stattdessen sind wir lieber unzufrieden. In manchen Situationen erwarten wir auch etwas Bestimmtes und wenn sich diese Erwartung nicht erfüllt, sind wir enttäuscht und frustriert.

Oft ist es gerade der Druck der eigenen Erwartungen, die die frustrierte Mutter selbst nicht erfüllen kann, die dann zu Versagensgefühlen führen. Eine solche Mutter würde meistens eigentlich lieber etwas ganz anderes machen, als sich ihren Kindern zuzuwenden, aber sie kann sich diesen

Wunsch nicht eingestehen und verleugnet damit ihr wirkliches Ich.

Frauen, die schon im Berufsleben erfolgreich waren und sich dann aus gesellschaftlichen oder familiären Gründen verpflichtet sehen, ihre Karriere der Kinder wegen an den Nagel zu hängen, finden sich nicht selten in diesem Bereich von Frustration.

Immer, wenn wir aus Vernunftgründen eine Entscheidung treffen, die nicht aus unserem Herzen kommt, erleben wir eine seelische Anspannung. Unser Herz kämpft mit unserem Verstand und diese Spannung wird erst zu Ärger, dann zu Frust, weil wir uns schuldig fühlen, dass wir überhaupt Ärger spüren.

Die einfachste Lösung ist, sich die eigene Unvollkommenheit und Unlust zuzugestehen, und neu zu entscheiden. Das erfordert die Einsicht, dass wir selbst unseres Glückes Schmied sind und die Kontrolle über unser Leben wieder in die eigene Hand nehmen müssen, selbst wenn das eine Umstellung für die Familie bedeutet.

Die frustrierte Mutter sieht sich jedoch häufig in der Opferrolle und beraubt sich dadurch ihrer eigenen Kraft. Die Opferrolle ist immer leichter zu ertragen als die Einsicht der eigenen Schwächen und die beängstigende Möglichkeit, für die Erfüllung der eigenen Wünsche selbstverantwortlich zu sorgen.

Die Basis für diese Haltung ist ein verstecktes Versagensgefühl. Die frustrierte Mutter hat vielleicht als Kind nicht die Aufmerksamkeit, Liebe und Bestärkung bekommen, die sie sich gewünscht hätte. In der Mutterrolle will sie sich jetzt als bessere Mutter beweisen, kann aber ihren eigenen Anforderungen nicht standhalten.

Vielleicht muss sie auch schmerzhaft erkennen, dass ihr die Tendenz ihrer eigenen Mutter, egoistischer handeln zu wollen, selbst nicht ganz unbekannt ist. Die Frustrierte kann sich aber diese Wahrheit nicht eingestehen – denn dann könnte sie ihren Ärger auf die Mutter nicht mehr hegen und mit dem Gefühl trumpfen, selbst eine »bessere« Mutter zu sein. Das Zugeständnis der eigenen Grenzen würde aber eine innere Verbundenheit mit ihrer Mutter zur Folge haben, und den ersten Schritt zur langersehnten Nähe mit sich bringen.

In diesem Zwiespalt befand sich eine junge, engagierte Mutter, die über Schwierigkeiten mit ihrer fünfjährigen Tochter sprach. Diese war auf einmal zur Bettnässerin geworden und sie konnte sich nicht erklären, warum ihre Tochter so reagierte. Sie selbst hatte nach anfänglicher Geduld inzwischen eine starke Aggression gegen ihre Tochter entwickelt und musste sich beherrschen, diese nicht lautstark zu äußern. Weil aber ihre eigene Mutter ihre Kinder oft angebrüllt hatte, wollte sie das auf keinen Fall mit ihren Kindern wiederholen. Überhaupt meinte sie, dass sie auf jeden Fall eine bessere Mutter sein wolle als ihre eigene Mutter. »Ich will nie so werden wie sie!«, und bei diesem Ausspruch war viel Ärger zu spüren. Ihr ganzes Augenmerk war deswegen auf das Wohl ihrer Kinder gerichtet. Beim Erzählen, wie klar sie ihren Alltag strukturierte, waren eine gewisse Enge und ein starker Druck zu spüren, die von ihr ausgingen. Es bedeutet auch eine ungeheure Anstrengung, das Bild aufrecht zu erhalten, mit der eigenen Mutter nichts gemein haben zu wollen. In diesem Anspruch an sich selbst war das Bettnässen ihrer Tochter eine massive Störung. Dass sich ihre Tochter vielleicht nur dadurch davon freimachen konnte, indem sie nachts diesen Druck im Bettnässen unbewusst losließ, wollte die Mutter erst nicht wahrhaben. Erst allmählich gestand sie ein, dass sie diesen Druck auch in

*sich selbst spürte. Ihre Angst dahinter war, doch nicht die
Mutter sein zu können, die sie sein wollte und am Ende ihrer
eigenen Mutter doch zu ähneln.*

Es kommt auch vor, dass die Tochter eine ausgesprochen
liebenswerte Mutter erlebt hat, die in ihrer Mutterrolle ganz
und gar aufgegangen ist. Sie selbst muss jedoch feststellen,
dass sie lieber im Berufsleben bleiben würde. Da sie aber
ihre Kindheit in Anwesenheit der Mutter erlebt hat, kann sie
sich nicht dazu überwinden, das den eigenen Kindern zu
verwehren. Diese Mutter wird nur schwer über ihr Schuldgefühl hinwegkommen, zumal sie oft auf Unverständnis in
der engeren Familie stößt. So kämpft das echte Ich gegen
das von außen akzeptierte Ich und das Resultat ist Frustration: Wir fühlen uns gefangen in unseren eigenen Erwartungen.

Die frustrierte Mutter fühlt sich oft als Opfer ihrer Umstände. Jede ihrer Handlungen scheint zu sagen: »Mach mir
bloß keinen Stress.« Es ist gut möglich, dass ihr tatsächlich
Unterstützung fehlt und ihr damit das fürsorgliche Muttersein im wahrsten Sinne des Wortes schwer gemacht wird.
Ein Umzug aus dem bekannten Umfeld oder eine unglückliche Ehe können dieses Verhalten hervorrufen. Zieht eine Familie wegen der Berufstätigkeit des Vaters an einen anderen
Ort und die Mutter fühlt sich dort nicht wohl, leidet die
ganze Familie. Sie sehnt sich vielleicht nach ihrem alten
Wohnort, nach ihren Freundinnen und ihrem sozialen Umfeld, sieht aber keine Chance ihren eigenen Wünschen gerecht werden zu können. Äußerlich sagt sie vielleicht Ja zu
diesem Umzug, innerlich aber Nein. Ihr Hauptgefühl ist dabei: Ich kann nichts ändern, wir brauchen den neuen Job und
ich muss mich arrangieren. Manche Frau verweigert dann
am neuen Ort, Kontakte zu knüpfen und sich für das Leben

dort zu öffnen. Sie bleibt lieber in der Frustration hängen, als sich zu sagen: Ich mache für mich etwas Gutes daraus.

In Zeiten, in denen eine Mutter mit ihren eigenen Problemen beschäftigt ist, erträgt sie meist die Lebendigkeit ihres Kindes nicht. Dabei spürt ein Kind genau, wie es der Mutter geht und äußert oft genau die Gefühle, die sich die Mutter nicht zugesteht. Dann geht ihr jedes Schreien auf die Nerven, weil sie am liebsten selbst aufschreien würde. Streiten die Kinder lautstark, hält sie das nicht aus, weil sie vielleicht alles tut, um in ihrer Ehe Harmonie herzustellen und dafür ihre eigenen ärgerlichen Gefühle übergeht. Vielleicht streitet sie auch ständig mit ihrem Partner, verzweifelt aber dabei, weil sie nichts zu erreichen scheint. Die Konflikte der Kinder sind ihr dann einfach zu viel, sie hat schon genügend eigene. Und wenn eine Mutter in ihrer eigenen Erziehung zudem die Botschaft verinnerlicht hat: »Sei nicht so lebendig, sei still, pass dich an!« – dann empfindet sie ihr Kind als anstrengend, wenn es seinen natürlichen Impulsen Ausdruck verleiht.

Für die Mutter gibt es oft Anlass zur Unzufriedenheit. Obwohl sie alles gibt, wird sie kritisiert. Sie ist enttäuscht, weil niemand wahrzunehmen scheint, was sie tut. Wenn der Mann oder die Kinder ihr das Gefühl geben, dass alles selbstverständlich ist, was sie in die Familie einbringt, dann ist jede Frau als Mutter irgendwann frustriert. Sie fühlt sich entwertet, wenn ihre Bitten nach Mithilfe im Haushalt von Mann und Kindern dauernd überhört werden. Die finanzielle Situation kann auch so begrenzt sein, dass die Mutter sich ihre Wünsche ständig versagen muss und immer freudloser wird. Wenn eine Mutter wenig für ihre Bedürfnisse und Werte einstehen kann, weil sie sich nicht wichtig genug nimmt, dann lässt sie vieles zu, obwohl sie im Grunde etwas ganz anderes will. Diese innere Spannung lässt sie häufig an anderen aus.

Gleichzeitig laden die Kinder ihre eigenen Launen und Frustrationen bei der Mutter ab. Hat die Tochter vielleicht Liebeskummer und will nicht darüber reden, gibt sie der Mutter stattdessen patzige Antworten oder meckert am Essen herum. Will eine Mutter ehrliches Interesse am Schulleben ihrer Tochter zeigen und fragt, wie es heute war, bekommt sie nur ein mürrisches »Wie immer« zu hören. Zeigt sie weniger Fürsorge und backt am Wochenende vielleicht keinen Kuchen, fragen die Kinder gleich vorwurfsvoll: Wieso gibt es denn heute keinen Kuchen!?« Mit allen Empfindsamkeiten und Entwicklungsstufen der Kinder umzugehen, wird keiner Mutter ohne zeitweilige Frustrationsgefühle gelingen.

Außerdem gibt es Frauen, die eigentlich mit ein oder zwei Kindern ausgelastet wären, aber aus falschem Ehrgeiz, gesellschaftlichen oder familiären Gründen meinen, sie müssten noch ein drittes oder viertes Kind bekommen. Eigentlich hat die Mutter gar keine große Lust mehr, sich intensiv einem Kleinkind zu widmen, so dass dann die älteste Tochter leicht zum hauseigenen Babysitter umfunktioniert wird.

Wenn Tina heute auf ihre Jugend zurückblickt, hat sie sich genauso gefühlt: »Ich war 12 und meine jüngere Schwester 10 Jahre alt, als meine Mutter noch ein Baby bekam: meinen Bruder. Zuerst ging meine Mutter ganz in ihrer Rolle auf, aber als er dann laufen lernte, fragte sie immer öfter, ob ich nachmittags auf ihn aufpassen könnte. Sie müsste jetzt auch mal an sich denken und einfach rauskommen. Ich würde das so gut machen, ich wäre im Grunde ja wie eine zweite Mutter. Ich befand mich immer öfter in der Rolle des bequemen Babysitters und fühlte mich ausgenutzt. Für meinen Vater war das auch sehr angenehm, denn ich konnte meinen Bruder besser beruhigen als er. Er und meine Mutter hatten nicht mehr die Nerven für die Lebhaftigkeit meines Bruders. Ob ich sie hatte, fragte keiner. Als ich meiner Mutter einmal wütend sagte, dass ich keine Lust hätte aufzupassen, denn schließlich seien sie und mein Vater dafür zuständig und nicht ich, hat sie drei Tage nicht mit mir gesprochen und mich wie Luft behandelt. Das war das Schlimmste. Später sagte sie mir dann, dass in einer Familie alle zusammenhalten müssten. Danach habe ich mich dann kaum mehr gewehrt.«

Besonders die älteste oder auch die jüngste Tochter der frustrierten Mutter spürt deren emotionale Last und will ihr nicht noch mehr aufbürden. Sie wird ein regelrechter Engel, der der Mutter zur Seite steht um sich selbst geliebt zu fühlen, verliert dadurch aber ihre eigene Identität. Ähnlich wie die umsorgende Mutter mit ihrer Tochter eine Symbiose eingeht, bilden die frustrierte Mutter und ihre Tochter zwei perfekte Gegenstücke, die wie Puzzleteile zusammenpassen. Die Tochter lernt, wie sie sich zu verhalten hat, um der Mutter am wenigsten Schwierigkeiten zu bereiten. Sie macht es sich zur Aufgabe, der Mutter einen stressfreien Alltag zu ermöglichen, insofern ihr das möglich ist. Als erwachsene Frau verfolgt sie einen Beruf, der die Mutter stolz macht und wählt einen Partner, den die Mutter akzeptieren kann. Da ihr Blick immer bei der Mutter und nicht bei sich ist, verliert diese Tochter ihre Identität. Manchmal bindet sie sich früh an einen Partner, um sich der Illusion der Abnabelung hinzugeben, gerät dabei aber in dieselbe Situation: Anstatt der Mutter, passt sie sich jetzt dem Partner an, um sich seiner Liebe wert zu fühlen. Andere Engel wagen diesen Schritt nicht, sondern bleiben in Mutters Reichweite. Ein Engel darf aber nie vergessen, dass er selbst auch zum Fliegen ausgestattet ist.

Manche Töchter haben dank ihres Temperaments den Mut, den Frustrationen der Mutter ein Ventil zu geben: sie rebellieren gegen die Mutter, um, wie eine von mir befragte Tochter sagte, endlich die Mutter zu spüren, die sich selbst nicht mehr spürt.

Das Café, in dem ich mich mit Verena treffe, ist voll mit Studenten und Familien an diesem Samstagnachmittag. Als Verena durch die Eingangstür kommt, ist sie mir sofort sympathisch: mit einem hübschen Gesicht, langem brünetten Haar und einem offenen Lächeln kommt sie mir entgegen. Sie hat eine bestimmte, aber positive Art – ihr Beruf der Anwältin ist sofort zu erkennen. Sie hat keine Bedenken offen über ihre Mutter zu diskutieren – die vielen Menschen um uns stören sie überhaupt nicht.

Verena beschäftigt sich seit Langem mit der Beziehung zu ihrer Mutter, die, wie sie sagt, am besten als Hass-Liebe beschrieben werden kann. Ihre frühesten Kindheitserinnerungen kann sie nicht mehr rekapitulieren – erst als sie mit zehn Jahren eine Schwester bekam, beginnen die Erinnerungen. »Eigentlich«, sagt Verena, »fallen mir keine konkreten negativen Kindheitserlebnisse ein; nur, dass ich mich ständig lautstark mit meiner Mutter gestritten habe seit ich zehn Jahre alt bin. Ich wollte eigentlich nur wissen, wo ihre Grenzen sind – klare, logische Regeln gesetzt bekommen, die Sinn machen. Ich hatte immer das Gefühl, dass sie mich nicht hört!« Wen Verenas Mutter allerdings in Wirklichkeit nicht hörte, war sie selbst.

Verenas Mutter wuchs in einem traditionellen Haushalt der Südstaaten auf – das Bild einer perfekten Familie musste nach außen gewahrt werden; Differenzen wurden unter den Teppich gekehrt. Verenas Mutter wollte ursprünglich Ärztin werden. – Zu einer Zeit, als berufliche Ambitionen von Frauen höchst selten waren. Sie wurde sogar zum Medizinstudium zugelassen, brach dieses aber aufgrund ihrer Schwangerschaft mit Verena ab. Die Eltern von Verenas Mutter haben den Studienabbruch immer in Erinnerung behalten. Jetzt, da Verenas Großeltern pflegebedürftig sind, sind ihre Mutter und ihr Vater widerstrebend bei ihnen eingezogen, um sie zu versorgen. Die Mutter traute sich nicht, das abzulehnen. Seit etwa zehn Jahren ist Verenas Mutter Alkoholikerin.

Den Frust und Ärger über die nicht wahrgenommene Chance zur Eigenständigkeit und zum Ausbruch aus dem starren Korsett, der dort geltenden Konventionen, konnte durch das aufgezwungene Familienbild keinen anderen Ausdruck finden als in Verenas Verhalten. Die Tochter, die den Studienabbruch »verursacht« hatte, war glücklicherweise mit einem selbstbewussten, feurigen Temperament zur Welt gekommen. Wo die Mutter aus Angst vor Kritik peinlichsten Wert auf ihr Aussehen gelegt hatte, ist die lebenslustige Verena etwas kräftiger gebaut. Wo die Mutter ihren Aggressionen keine Stimme gibt, läuft Verena mit ihrer direkten Art gar keine Gefahr, stille Aggressionen anzustauen. Verena repräsentiert also alle Gefühle, die ihre Mutter mühsam zu unterdrücken lernte und sich selbst verwehren musste.

»Wenn ich mich über ein Thema aufgeregt habe, sagte sie nur – ›Warum bist du denn so verärgert?‹«, Ärger Raum zu geben, wäre in ihrer Familie nicht schicklich gewesen.

Verena lernte Stück für Stück den Frust und die Aggressionen bei ihrer Mutter zu lassen. Sie sagt: » Es macht mir Angst, dass ich nichts mehr für sie empfinden könnte, wenn ich den Ärger loslasse.« Manchmal ist Streit der einzige Kontaktpunkt zwischen Mutter und Tochter – solange sie sich da verbunden fühlen, sind sie sich noch nah. Die Angst vor einem Vakuum der Gefühle ist oft zu groß, aber Verena *will es wagen. Sie hat gemerkt, dass sich in diesem Vakuum sogar neuer Raum für positive Gefühle bietet: »Je mehr ich die Aggressionen bei meiner Mutter lasse, desto mehr spüre ich, dass ich sie doch liebe! Außerdem habe ich meine Argumentationsfähigkeiten in den Auseinandersetzungen mit meiner Mutter gelernt – und die bringen mir als Anwältin jetzt ein ordentliches Gehalt!«*

Eine Tochter ist nicht für die Frustrationen der Mutter verantwortlich, denn eine Mutter hat alle Möglichkeiten, auf enttäuschende oder eingrenzende Situationen als erwachsene Frau zu reagieren. Wenn sich die Tochter das bewusst macht, bleibt sie nicht in Schuldgefühlen hängen. Denn Schuldgefühle binden sie erst recht an die Mutter, lösen aber keine Probleme. Es geht auch nicht um Schuld, sondern um die Verantwortung für das eigene Leben. Jede Tochter wünscht sich für die Mutter, dass es ihr gut geht und das wünscht sich auch jede Mutter für ihre Tochter. Sie können sich gegenseitig in ihrer Verantwortung stärken, indem sie sich fragen: »Was tust Du für Dich, damit es Dir besser geht?« Mit dieser Frage bleibt die Verantwortung bei derjenigen, die gerade enttäuschende oder belastende Gefühle durchlebt.

»Du bist nicht gut genug« – Die kritische Mutter

Wenn wir uns selbst nicht achten und wertschätzen, schwächen und setzen wir andere herab, um uns zu erheben. Die Kritikerin ist die Königin der Projektion. Sie ist meist eine energische Person, die trotz fehlender Sachkompetenz immer die richtigen Antworten hat. Körperliche Zuwendung ist ihr unangenehm und tiefe Freundschaften sind ihr oft fremd. Die Journalistin Victoria Secunda beschreibt die Kritikerin als eine Frau, die »eine freundschaftliche Beziehung des Nehmens und Gebens nicht riskieren will, denn sie kann weder die Verletzbarkeit einer gesunden Distanz aushalten, noch die Nähe, die ihre Verletzbarkeiten hervorruft.«

In der Mutter-Tochter-Beziehung spielt die Kritikerin deshalb einerseits mit Macht, um die Tochter in ihrer Nähe zu halten, andererseits mit Schuldgefühlen, um eine schützende Distanz zu wahren. Oft hat sie einen passiven Partner gewählt, um ihre Dominanz auch in der Ehe auszuleben. Hinter ihrer äußerlichen Kompetenz verbirgt sich jedoch häufig eine besonders niedriges Selbstwertgefühl. Sie kann sich eigentlich selbst nicht leiden und projiziert ihre Ablehnung deshalb auf andere. Die eigenen Geschwister und Kinder werden von ihr häufig gegen- und untereinander ausgespielt. Da sie in jedem der Kinder ihre eigenen guten und schlechten Anteile verkörpert sieht, lehnt sie ein Kind manchmal mehr ab und liebt dafür ein anderes mehr.

Monika hatte als Kind oft das Gefühl, dass ihre Mutter ihre Schwester lieber mögen würde: »Meine Schwester war für meine Mutter einfach leichter zu haben, sie passte sich vielmehr dem an, was unsere Mutter in der jeweiligen Situation wollte. Das ging bei mir nicht, ich war widerspenstiger und sagte oft geradeheraus, was ich dachte. In den Augen unserer Mutter war das unhöflich. In der Pubertät sagte sie deswegen einmal zu mir, dass ich mit meiner Art wahrscheinlich nie einen Mann bekommen würde. Äußerlich habe ich mir nichts anmerken lassen, aber innerlich war ich traurig und einsam. Meinem Vater war ich viel näher, er verstand mich und nahm mich an, wie ich war. Er sagte einmal zu mir, dass ich genau die Seiten meiner Mutter verkörpern würde, die sie an sich selbst vehement ablehne. Diese Seiten hat sie an mir dann kritisiert. Bis heute habe ich das Gefühl, dass ich Frauen nicht wirklich nahe sein kann, vermutlich fürchte ich immer noch deren Kritik oder Ablehnung. Aber ich selbst bin ihnen gegenüber auch sehr kritisch, in dieser Beziehung bin ich im Grunde genommen wie meine Mutter und das erschreckt mich.«

Die Kritikerin mischt sich auch in die Freundschaften oder Liebesbeziehungen der Tochter ein und spielt die Parteien gegebenenfalls gegeneinander aus. Die Mutter gewinnt dabei in zweierlei Hinsicht. Sie behält die Kontrolle über ihre Tochter, die aus Stress mit ihren Freundinnen oder ihrem Ehemann wieder näher zu ihr rückt, außerdem muss sie die Leere ihres eigenen Lebens nicht spüren, sondern kann sie mit den Problemen ihrer Tochter verdecken. Das Paradox liegt genau hier versteckt: Die Kritikerin sucht zwar die Nähe ihrer Tochter, hat aber Angst, dass sie in zu enger Vertrautheit ihre Fassade nicht mehr aufrecht halten kann. Wer ihr zu nahe kommt, wird abgewertet, um die Distanz wieder herzustellen.

Dieses Verhalten hat seinen Ursprung in der Kindheit der Mutter. Eine Frau, die ihrem Kind das Gefühl gibt, dass es so wie es ist nicht richtig oder gut genug ist, spricht damit in Wirklichkeit ihr eigenes Selbstwertgefühl an. Die bedingungslose Liebe ohne Vorbehalte kennen in dieser Beziehung weder die Mutter noch die Tochter. Leistung oder Anpassung an die Vorschriften der Mutter sind oft der einzige Weg, um Zuwendung und die Illusion von Liebe zu erfahren. Das Ergebnis sind Töchter, die im späteren Leben selbst von Minderwertigkeitskomplexen geplagt sind und nicht nachvollziehen können, dass ihr Partner sie uneingeschränkt lieben kann. Manchmal haben die Töchter die Dominanz der Mutter übernommen und suchen sich anerkannte Berufsfelder aus, in denen sie mit ihrer Kompetenz glänzen und ihre Minderwertigkeitsgefühle meisterhaft überspielen können.

Mutter und Tochter sind dann in einem Kreislauf gefangen: beide sehnen sich zutiefst nach der Annahme ihres wirklichen Ichs, trauen sich aber nicht, dieses Ich zu offenbaren. Die Kritikerin versteckt ihr tiefes Bedürfnis nach Zuwendung und echter Nähe hinter einer selbstständigen, kritischen Fassade. Sie lehnt andere ab, um zu vermeiden dass zutage kommt, wie sehr sie sie braucht, denn das Eingeständnis der eigenen Schwäche könnte sie der Gefahr der Ausnutzung oder Ablehnung aussetzen.

Eine Kritikerin bekommt oft ein Kind, das ihren Ärger und ihre ungelösten Konflikte für sie austrägt: eine Querulantin. Diese Tochter ist meist der Störenfried oder Klassenclown in der Schule – von Schülern geliebt und Lehrern gehasst. Sie hat immer ein paar coole Sprüche auf Lager und ist Teil der In-Clique. Zuhause wehrt sie sich lautstark gegen die Angriffe der Mutter, aber die erhoffte Anerkennung bekommt sie dadurch nicht. Ihr Verhalten kann auch selbstzerstörerische Tendenzen annehmen in Form von Drogenkonsum, Selbstverletzung oder Schwierigkeiten in der Schule. Jegliche negative Resonanz verstärkt in der Tochter die Überzeugung, dass die Mutter wohl recht hat, wenn sie sagt, die Tochter sei nicht gut genug, nicht schlau genug, nicht schön genug, um geliebt zu werden und erfolgreich zu sein.

Die äußerlich vor Selbstbewusstsein strotzende Querulantin merkt nicht, dass sie zu Hause in der Rolle des Schwarzen Schafes eine wichtige, wenn auch für sie vernichtende Familienfunktion einnimmt. Da die Kritiker-Mutter oft einen passiven Partner hat, kann die Querulantin als Sprachrohr seiner Aggressionen fungieren und damit die Spannungen innerhalb der Elternehe zum Ausdruck bringen. Außerdem wird sie zum Gesprächsthema in einer anderweitig sprachlosen Beziehung; sie bringt die Eltern auf eine gemeinsame Ebene, wo eigentlich keine mehr war.

Im Grunde sind Querulantinnen sensible Menschen mit viel Mut, die die unausgesprochenen Enttäuschungen der Mutter und des Vaters wahrnehmen und sich trauen, diesen Raum zu geben. Sie wollen die Liebe und Anerkennung der Mutter, wie jede andere Tochter auch, aber weil sie mit einer extra Portion Ehrgeiz ausgestattet sind, können sie nicht wie die Engel klein beigeben. Ihre Willensstärke, ihr Mut, und ihre Fähigkeit, selbstbewusst zu wirken, kann später zu großem Erfolg führen, solange sie ihre destruktiven Tendenzen im Zaum halten.

Da sie es gewöhnt sind gegen Konventionen zu rebellieren, können sie später auch gut für sich alleine stehen. Meistens suchen sie sich Freundinnen, die ähnliche Rebellinnen sind wie sie selbst – die stillen Mädchen sind ihnen zu langweilig und angepasst. Doch was sie in Wirklichkeit mit ihren Freundinnen teilen, ist nicht die nach außen stark wirkende Persönlichkeit, sondern ihr geheimes Bedürfnis so geliebt und angenommen zu werden, wie sie sind.

Die erwachsene Rebellin entpuppt sich meist selbst als Kritikerin, als Spiegelbild der Mutter. Es ist nicht selten der Fall, dass sie in ihrer Strenge und Genauigkeit ihre Mutter übertrumpft und damit ihren Kindern wiederum das Gefühl gibt, nicht gut genug zu sein.

Fast jede Tochter hat es schon erlebt, den Ansprüchen der Mutter in manchen Bereichen nicht zu genügen. Die eine reagiert darauf, indem sie alle Anstrengungen auf sich nimmt, um doch gut oder sogar am besten zu sein. Vielleicht erreicht sie das auch, allerdings bleibt sie von der Angst getrieben, das Gefühl des Nichtgenügens könne ihr doch wieder begegnen. Sie vergleicht sich gerne mit anderen Frauen und wenn sie entdeckt, dass andere nicht das gleiche Maß an Können oder persönlicher Entwicklung zeigen, findet sie einen Grund, sie abzuwerten. Indem sie andere übertrumpft, beweist sich diese Tochter auch immer wieder, dass sie doch etwas Besonderes ist, selbst wenn ihr inneres Gefühl ihr etwas anderes vermittelt.

Eine andere hat das Gefühl, nicht gut genug zu sein, so stark verinnerlicht, dass sie sich nicht viel zutraut. Auch sie vergleicht sich mit anderen, tut dies aber nur, um resignierend festzustellen, dass andere vieles besser können als sie. Sie schürt ständig ihr Minderwertigkeitsgefühl und bringt wenig Eigeninitiative auf, um ihre Stärken zu zeigen.

Anna erzählte in einer Frauenrunde, dass sie als 13-Jährige gern der Mutter beim Kochen helfen wollte, weil sie Lust hatte, es zu lernen. Dabei wollte sie natürlich selbständig etwas tun, weil sie auch wusste, dass sie es konnte. Ihre Mutter aber, eine eher unsichere Frau, vermittelte ihr bei allem, was sie tat, das Gefühl: du machst es nicht richtig! Ob es die Nudeln waren, die sie ins Wasser gab oder wie sie die Kartoffeln schälte, die Mutter reagierte auf ihre Versuche mit abwertender Kritik. Die Tochter zog sich daraufhin zurück und aus ihrem anfänglich freudigen Drang entwickelte sie das resignierte Gefühl, dass sie zum Kochen nicht geeignet sei. Bis heute fühlt sie sich davon geprägt und spürt immer noch ihre Hemmung, wenn es ums Kochen geht. Sie versteht inzwischen aber auch, dass es ihrer Mutter vermutlich schon genauso gegangen ist und sie nur weitergegeben hat, was sie selbst kannte.

Mütter ahnen oft nicht, wie tief ihre Kritik in den Töchtern sitzt und wie lange diese nachwirkt. Von der Mutter das Gefühl zu bekommen, nicht gut genug zu sein, macht Töchter sehr verletzlich, denn eine Tochter ersehnt sich von der Mutter Unterstützung und stärkende Worte, damit sie ihr Selbstwertgefühl weiterentwickeln kann. Wenn sie das Gegenteil durch die Mutter erfährt, fühlt sie sich innerlich von ihr verlassen. Am stärksten fühlen sich Töchter mitunter verletzt, wenn die Mutter ihren Körper kritisiert und ihnen das Gefühl gibt, dass er so wie er ist, nicht richtig sei. Das macht eine Tochter geradezu mundtot, vor innerer Betroffenheit kann sie meistens nichts darauf erwidern. Ihr Körper ist ein wichtiger Ausdruck ihrer selbst. Wenn er von der eigenen Mutter entwertet wird, stürzt das die Tochter in Verzweiflung. Ihr Körper ist ihr empfindsamster Punkt, er braucht den annehmenden Blick der Mutter, sonst gelingt es der Tochter nicht, sich in ihm wohl zu fühlen. Durch den kritischen Blick der Mutter auf ihren Körper fühlen sich Töchter oft noch lange Zeit in ihrem Selbstwertgefühl beeinträchtigt.

Erika, eine junge Pädagogin kannte diese Erfahrung gut aus ihrem eigenen Leben. Ihre Mutter hatte als junge Frau volles lockiges Haar, sie selbst hat dünnes und glattes Haar. Ihr Haar war in ihrer Jugend häufig ein Kritikpunkt der Mutter, gerade wenn sie miteinander stritten. Sobald die Mutter in einer Situation so etwas wie Ohnmacht ihr gegenüber fühlte, kam sie auf ihre Haare zu sprechen. Sie verglich ihr Haar mit dem des Vaters und setzte noch die Bemerkung dazu, dass sie ja überhaupt mehr von der Familie ihres Vaters hätte und darin klang immer etwas Abwertendes mit. Die Tochter brauchte lange, bis sie ihr Haar ohne den kritischen Blick der Mutter annehmen konnte. Als Pädagogin wuchs ihr daraus aber die Stärke, Kinder mit einem achten-

den Blick anzusehen und ihnen aufbauende Worte zu sagen.
Erika denkt, ihr nächster Schritt sollte sein, das auch bei der
Mutter zu tun und hinter sich zu lassen, was sie an ihrer Kri-
tik so verletzt hat.

Eine Mutter, die eine herabsetzende Seite gerade in Konfliktsituationen an sich kennt, kann sich klarmachen: was
ich meiner Tochter sage, sage ich mir selbst! Sie offenbart
damit ihre Selbstentwertung und verstärkt darüber hinaus
auch die Entwertung des Weiblichen schlechthin – anstatt
sie zu unterbrechen. Denn sie hat diese Tochter geboren und
damit soll sich das Weibliche in ihr und der Welt erweitern,
und nicht geschmälert werden.

Die Folgen stark kritisierender Mütter sind auch bei
Frauen zu spüren, die an allem etwas auszusetzen haben. Ob
sie auf Reisen sind oder ein Theater besuchen – sie finden
mit absoluter Sicherheit immer etwas, das für sie nicht passend ist. Eine erwachsene Tochter, die ihre Mutter im Alter
in dieser Weise erlebt, braucht eine gute Abgrenzung zu dieser Seite ihrer Mutter. Denn wenn sie versucht, ihrer Mutter
immer wieder die schönen Seiten aufzuzeigen, ist sie mit ihr
verstrickt. Sie braucht eine innere Grenze, an der sie sich sagen kann: »Du darfst so sein, aber ich darf anders sein. Ich
bleibe in meinem Gefühl der Freude, auch wenn du es nicht
teilst.«

Die Kritik der Mutter kann ihre Wirkung ja nur entfalten,
wenn wir sie auch annehmen. Deswegen besteht die Aufgabe
der Tochter darin, mit der bewertenden Seite der Mutter so
umzugehen, dass sie ihr vermittelt, ihre Wertung nicht mehr
zu übernehmen und sie auch bei ihr nicht anzuwenden. Denn
auch als Tochter sind wir nicht dagegen gefeit, aus Enttäuschung die eigene Mutter herabzusetzen. Doch damit schwächen wir gegenseitig das Weibliche und besinnen uns nicht

mehr darauf, was wir zur beiderseitigen Stärkung beitragen können. Wir dürfen nicht vergessen, was die Frauen in den Generationen vor uns schon an weiblicher Entwertung erfahren haben, um dem in unseren Mutter-Tochter-Beziehungen bewusst ein Ende zu setzen. Im Innersten wünscht sich eine kritisierende Mutter oder Tochter nichts anderes, als Achtung zu erfahren. Wenn eine Frau hierin den Anfang macht, wird die andere irgendwann mitziehen. Eine selbstbewusste Tochter, die ihren Wert in sich gefunden hat, kann der Mutter dann auf deren Kritik einen Satz entgegnen, der beiden hilft: »Mutter, ich bin in Ordnung und du bist es auch!«

»Du bist meine beste Freundin« – Die einsame Mutter

Auf den ersten Blick scheint es ein großes Geschenk zu sein, die Mutter als beste Freundin zu haben. Durch Geschäfte zu bummeln, einen Kaffee trinken zu gehen – das sind Momente auf die sich jede Mutter einer Tochter jahrelang im Voraus freut. Wir wünschen uns alle die Nähe und Zuwendung, die eine solche Mutter ihrer Tochter schenkt. Wo liegt also das Problem?

Eine freundschaftliche Mutter-Tochter-Beziehung ist absolut kostbar, wenn sie nicht zum Ersatz für andere Freundinnen und Partner wird. Die Schwierigkeit liegt in der Motivation der Mutter: eine Frau, die ihre Tochter sehr nahe bei sich hält, versucht sich oft selbst vor ihrer eigenen inneren Einsamkeit zu schützen. Ähnlich wie bei der umsorgenden Mutter, kann die Enge einer solchen Mutter-Tochter-Dynamik sowohl die Mutter als auch die Tochter von ihrem

Wachstumsprozess abhalten. Beide Frauen haben in dieser Beziehung Angst vor dem nächsten, noch ungewissen Entwicklungsschritt. Sie befürchten in der Distanz etwa unterschiedliche Meinungen zu entwickeln, die dann ihre Nähe in Gefahr bringen könnten. Die Mutter hat vielleicht seit Jahren schon keine erfüllende Partnerschaft mehr – der Ehemann mag häufig beruflich unterwegs sein oder ihre Paarbeziehung ist über die Jahre eintönig und uninteressant geworden. Um dem Gefühl der Leere und dem Alleinseins in ihrer Ehe aus dem Weg zu gehen, klammert sie sich stattdessen an ihre Tochter. Die Mutter merkt dabei nicht, wie ihr Eigennutz der Tochter genau die Einsamkeit bringt, vor der sie wegläuft, denn, wenn Mutter und Tochter so eng verbunden sind, passt kein Mann mehr in die Beziehung. Mutter und Tochter decken gegenseitig ihr Bedürfnis nach Nähe und Vertrautheit ab, für das eigentlich ein Partner oder gleichaltrige Freundinnen zuständig wären.

Maria findet, dass sie mit niemandem so offen reden kann wie mit ihrer erwachsenen Tochter. Sie meint dazu: »Ich habe natürlich ein paar Freundinnen, mit ihnen mache ich Wanderungen oder gehe ins Theater. Über das, was mich wirklich innerlich bewegt, spreche ich mit diesen Freundinnen aber nicht. Ich mag mich da nicht öffnen, das Persönliche geht sie auch nichts an. Früher habe ich das öfter gemacht, aber ich bin dann manchmal nicht verstanden worden und dann habe ich nichts mehr erzählt. Es ist mir eben keine so nah wie meine Tochter. Sie hat einfach ein gutes Gespür für mich, sie fragt mich gleich, wie es mir geht und das fragt mein Mann kaum einmal.«

Die Psychologin Jocelyne Thériault fand in einer Studie über die Bedeutung der Mutter-Tochter-Beziehung für die Partnerschaft der Tochter heraus, dass Distanz zwischen Mutter und Tochter zu mehr Nähe in deren Liebesbeziehung führt. Die Verbundenheit in einer Paarbeziehung ist demnach stark geschwächt wenn die Mutter die »Dritte im Bunde« ist. Viele meiner Freundinnen, die eine besonders innige Beziehung zu ihrer Mutter aufweisen, haben mir dies bestätigt – alle leben mit ihrem Partner weit von der Mutter entfernt und führen eine glückliche Ehe. Sie alle haben instinktiv gewusst, dass sie durch die räumliche Entfernung zur Mutter Innigkeit und Solidarität in ihrer Liebesbeziehung gewinnen.

Wenn eine Mutter als »beste Freundin« ihrer Tochter auch örtlich nahe ist, wird es dem Partner fast unmöglich gemacht, an die Vertrautheit dieser Bindung heranzureichen. Das gilt übrigens für beide: sowohl für den Ehemann der Mutter, als auch den Partner der Tochter. Besonders in Krisenzeiten oder bei Erziehungsfragen der Kinder wendet sich die Tochter dann an die Mutter und der Partner bleibt außen vor.

Die Tochter der einsamen Mutter wird sich entweder einen schwachen Partner suchen, der sich der Innigkeit zwischen Mutter und Tochter fügt, oder einen starken, der die Symbiose zwischen den beiden aufbricht. Wenn sich die Tochter für den starken Partner entscheidet, ist sie trotzdem oft überrascht, wenn er sich gegen die Mutter behauptet, auf einen Umzug drängt, oder auf mehr Selbständigkeit der Tochter pocht. Unbewusst weiß die Tochter vielleicht, dass diese Entscheidung für ihre Seele der gesunde Weg wäre und sie sich genau deshalb diesen Partner gesucht hat – aber die Abnabelung fällt ihr, ähnlich wie bei der Tochter einer besorgten Mutter, extrem schwer. Wenn sie diesen Schritt dennoch wagt, wird ihre Beziehung zu Beginn der Trennungsphase oft auf die Probe gestellt werden.

Eine Symbiose wird definiert als »Lebensgemeinschaft

verschiedener Arten zum gegenseitigen Nutzen«. Der Unterschied zwischen der einsamen Mutter und der umsorgenden Mutter liegt in dem Nutzen, den sie aus der Beziehung zu ihrer Tochter ziehen. Die »beste Freundin« will, im Gegensatz zur besorgten Mutter, die Tochter nicht durch ihre Furcht von ihrer jugendlichen Lebenslust abhalten, sondern an dieser Lebendigkeit teilhaben. Die Tochter mit ihrer Jugendlichkeit wird so zum Kontaktpunkt zur verlorengegangenen Leichtigkeit des eigenen Lebens.

Die Tochter wiederum geht die Symbiose ein, weil sie ihr den unangenehmen Wachstumsprozess erspart, sich selbst in ihren Werten, unabhängig von der Mutter, definieren zu müssen. Als jüngere Töchter wachsen wir mit den Werten unserer Eltern auf und akzeptieren sie als selbstverständlich. Als Jugendliche beginnen wir sie zu hinterfragen und zu kritisieren. Wenn die Mutter als beste Freundin fungiert, hält die Tochter an ihrem infantilen Bild der Mutter fest und vermeidet dadurch den notwendigen Ablösungsprozess.

Wie die Definition des Wortes Symbiose zeigt, handelt es sich bei dieser Verbindung allerdings um eine Nutzgemeinschaft zweier Individuen. Um eine reife freundschaftliche Beziehung zur eigenen Mutter führen zu können, sollten sich Mutter und Tochter erst einmal getrennt voneinander selbst kennenlernen. Beide brauchen Mut, um die andere ziehen lassen zu können, werden sich aber nur dann auf einer anderen, gleichwertigen Ebene neu begegnen können.

»Darf ich mir mal deinen Lippenstift leihen?« – über diesen Satz einer pubertierenden Tochter freut sich eine Mutter vielleicht, weil sie diese Art der Nähe zu ihrer Tochter begrüßt. Eine andere aber regt sich darüber auf, denn für sie ist es eine Grenzüberschreitung ihres persönlichen Bereiches, ähnlich wie das Leihen einer Zahnbürste. Diese Mutter würde darauf antworten, dass sie ihr lieber einen eigenen Lippenstift kauft.

Eine Freundschaftsebene ist immer anders als eine Mutter-Tochter-Ebene. Zwischen Müttern und Töchtern gibt es immer Ungleichheit: Ein Unterschied liegt schon darin, dass sich zwei Generationen begegnen. Die Mutter hatte mehr Zeit, sich Wissen anzueignen und konnte mehr Lebenserfahrung sammeln, sie hat ihre Grenzen und Niederlagen erlebt. Die Tochter glaubt in ihrem Elan und ihrem jugendlichen Optimismus daran, dass ihr fast alles möglich ist. Sie hat noch nicht das Scheitern und die Ernüchterungen erlebt, die enttäuschte Illusionen nach sich ziehen. Sie kann sich zwar im Lauf der Zeit selbst so viel Wissen aneignen, dass sich der Vorsprung zur Mutter stark verringert oder womöglich ins Gegenteil umkehrt, beispielsweise im Bereich der Technik oder im Umgang mit neuen Medien. Ihre Beziehung aber kann sich nicht umkehren. Die Mutter bleibt immer die Mutter und die Tochter die Tochter. Es ist ein Ausdruck natürlicher Autorität, das jüngere Leben der Tochter zu respektieren und das reifere der Mutter. In ihrer Mutterrolle gibt die Ältere der Jüngeren Orientierung – wenn sie sich aber auf eine Ebene stellen, wird die Tochter orientierungslos.

Ulrike hat Psychologie studiert, ihren Beruf bisher aber nicht ausgeübt, weil sie eine Familie gegründet hat und ihre beiden Kinder zu Hause betreuen will. Sie erzählt von der Beziehung zu ihrer Mutter, die während ihres Studiums besonders eng war: »Zu dieser Zeit lebte ich noch zu Hause, meine beiden Schwestern waren schon ausgezogen. Ich war auch viel außer Haus und wenn ich dann nach Hause kam, zog ich mich gern in mein Zimmer zurück zum Lernen. Meine Mutter aber, die tagsüber viel allein war, suchte das Gespräch mit mir. Sie fragte immer, wie es war und anfangs

fand ich ihr Interesse an meinem neuen Leben sehr wohl-
tuend. Im Grunde aber wollte sie von sich erzählen, sie war
einsam in dieser Zeit, hatte keine wirkliche Freundin und
noch keine neue Aufgabe nach ihrer Mutterzeit. Wenn mein
Vater abends heimkam, war Fernsehen seine Entspannung
und dabei war er für meine Mutter kaum ansprechbar. Ich
konnte nachvollziehen, wie es meiner Mutter ging und so
wurde ich diejenige, die ihr zuhörte. Es hat mir auch Bedeu-
tung gegeben, Mutters Vertraute und vielleicht ihre »liebste«
Tochter zu sein. Aber als ich selbst in eine Krise kam wegen
meines Studiums und nicht mehr wusste, ob es das Richtige
für mich ist, konnte sie mir keine Orientierung geben. Sie
meinte nur: »Das geht schon wieder vorbei«, aber das war
für mich keine Hilfe. Heute sehe ich, dass ihre Reaktion gut
so für mich war, denn damals löste ich mich ein Stück aus
dieser engen Nähe zu ihr.«

Eine Mutter gibt ihre Autorität ab, wenn sie ihrer Tochter
beispielsweise ständig von ihren Eheproblemen erzählt. In
der weiblichen Solidarität mit der Tochter fühlt sie sich vielleicht stärker, obwohl sie eigentlich gar nichts ändern will.
Sie will ihre Probleme im Erzählen, wie mit einer Freundin,
nur loswerden. Mit dieser Art von Vertrautheit zur Mutter
fühlt sich eine Tochter jedoch überfordert. Sie hat solche
oder ähnliche Erfahrungen einfach noch nicht gemacht und
wird zwischen den Eltern auch nie eine ganz freie Position
einnehmen können. Es ist auch nicht ihre Aufgabe, die Le-
bensberaterin für die Mutter zu sein.

   Eine wirkliche Freundschaftsbeziehung zeichnet sich dadurch aus, dass zwei Menschen sich nahe sein und doch frei
bleiben können. Mutter und Tochter, die eine herzliche Zuneigung zueinander spüren, können sich intensiv über vieles
miteinander austauschen, aber trotzdem ihre Geheimnisse

haben. Sie können gemeinsame Erlebnisse teilen und dann auch wieder getrennte Wege gehen, damit jede ihr Frausein auf ihre Weise leben kann. Eine Tochter kann in dieser Verbundenheit mit der Mutter vielleicht weibliche Orientierung im emotionalen Bereich finden, die Mutter erhält von der Tochter vielleicht die Inspiration, etwas Neues zu wagen.

»Ich verlasse dich« – Die abwesende Mutter

Abwesende Mütter verlassen ihre Töchter. Entweder sind sie physisch nicht präsent oder emotional unzugänglich. Die körperliche Abwesenheit der Mutter hat meistens die Trennung der Eltern oder die Arbeit der Mutter zum Grund. Oft ist sie auch bedingt durch eine Krankheit oder den vorzeitigen Tod der Mutter.

Manchmal verlassen Mütter schlichtweg ihre Familie, um ungelebten Träumen oder einer neuen Liebe zu folgen. Ein solches Fortgehen der Mutter hat meist langanhaltende emotionale Folgen für die Tochter: um dem, für sie unverständlichen, Weggehen der Mutter einen Sinn zu geben, sucht sie den Grund oft in der eigenen Person und kommt fälschlich zu dem Schluss, die Liebe der Mutter nicht wert zu sein. Andere Gründe kann sie oft nicht erkennen, weil es vielleicht zu schmerzhaft ist, der Realität ins Auge zu sehen, und zu akzeptieren, dass die Mutter einfach nicht mehr Liebe in sich trägt, oder ihre Verzweiflung so groß war, dass sie keine andere Möglichkeit sah.

Karins Mutter verließ ihre Familie, als Karin vier Jahre alt war. Ihre Mutter verliebte sich in einen anderen Mann und

zog mit ihm in eine andere Stadt. Karin hatte ab diesem Zeit-
punkt keinerlei Kontakt mehr zu ihrer Mutter, da sie sich nie
bei ihrer Tochter meldete, weder zu deren Geburtstagen
noch zu Weihnachten. Das stärkste Gefühl, das in Karin zu-
rückblieb, war: »Meine Mutter lehnt mich ab, ich bedeute
ihr nichts.« Als sie selbst Kinder bekam, kam der Schmerz
darüber wieder verstärkt hoch. Umso mehr gab sie ihren
Kindern die Liebe, die sie selbst vermisst hatte, oft auch
über ihr Maß hinaus.

Überraschenderweise fand die Mutter Karins Adresse
heraus und meldete sich nach vielen Jahren, um sich mit
ihr zu treffen. Dabei bat sie ihre Tochter um Verzeihung und
wollte gutmachen, was noch gutzumachen sei. Einerseits
war Karin glücklich darüber, andererseits blieb sie ihrer
Mutter gegenüber ablehnend. Sie sagt: »Jetzt habe ich ihr so
lange nichts bedeutet und auf einmal soll ich die liebende
Mutter annehmen!« Karin kann ihre Enttäuschung über die
verlorenen Jahre mit der Mutter nicht einfach vergessen. In
verschiedenen Situationen zeigt sie der Mutter gegenüber
subtile Zurückweisungen, und bestraft sie so auf ihre Weise
völlig unbewusst noch immer für ihr Weggehen.

Eine Tochter kann oft nicht verstehen, dass die mütterlichen
Instinkte ihrer Mutter unreif oder kaum vorhanden sind.
Manche Frauen haben auch naive Vorstellungen von ihrem
Muttersein. Sie fühlen sich von der Realität überfordert und
neigen dann dazu zu flüchten. Früher gab es weise Frauen,
die jungen Müttern zur Seite standen und sie gestärkt und
begleitet haben. Heute sind Mütter tagsüber viel alleine in
ihren Wohnungen und müssen ohne die Unterstützung wei-
ser Frauen oder ihrer Männer auskommen. Dabei können
manche Mütter durchaus vereinsamen.

Einige Frauen haben auch zu romantische Bilder von der

Ehe. Wenn diese Illusion an der Realität zerbricht, scheitert auch schnell ihre Ehe. Sie suchen dann vielleicht ihr Glück bei einem neuen Mann, an einem anderen Ort und lassen dafür manchmal auch ihr Kind zurück.

Der Schmerz, von der Mutter verlassen zu sein, kann in der Tochter zur Verbitterung oder zur stetigen Traurigkeit werden. Sie sieht die Abwesenheit ihrer Mutter als ständigen Mangel in ihrem Leben und glaubt vielleicht, dass dieser Mangel nie aufzuholen ist. Doch in solchen Töchtern liegen auch besondere Kräfte: Sie können oft mit einem Minimum an mütterlicher Fürsorge und Liebe auskommen und trotzdem erblühen. Jede Tochter, die Verlassenheit durch die Mutter erlebt hat, trägt in sich die Kraft, auch ohne sie gedeihen zu können. Sie hat oft schon viel früher als andere gelernt, aus eigenen Kräften zu leben. Diese Stärke wird ihr nie verlorengehen. Auch wenn der Schmerz über den Verlust ein Teil ihres Lebens bleibt, zerstört er doch nie ihre Selbstheilungskräfte.

Töchter, deren Mütter nicht anwesend sind, haben oft ein instinktives Gefühl dafür, wo sie andere nährende »Mütter« finden. Und es gibt viele solche Frauen, die ihnen Bindung ermöglichen, sie stärken und emotional präsent sind. Besonders auch Stief- oder Adoptivmütter können verlassenen Töchtern Halt, Geborgenheit und Herzenswärme geben. In manchen Fällen sind sie nicht nur die zweite Mutter, sie sind für die Töchter die wirkliche Mutter.

Viele Stiefmütter bemühen sich aufrichtig, diesen Töchtern eine liebende Mutter zu sein, müssen aber manchmal schmerzhaft erfahren, dass die Tochter ihre Liebe nicht annimmt. Solch eine Tochter ist oft in ihrer Wut und Trauer über den Verlust der Mutter gefangen. Häufig hat ihr nach der Abwesenheit der Mutter niemand geholfen, ihre Gefühle auszudrücken. So kann sie ihre Gefühle vielleicht gegen niemand anderen richten als die Stiefmutter. Dadurch kann sie die eigene Mutter schonen und als sehnsuchtsvolles Idealbild hochhalten. Darüber kommen Stiefmutter und Stieftochter manchmal in einen Kampf, den keine gewinnen kann. Eine von beiden fühlt sich dabei stets unterlegen und meistens abgelehnt. Manche Stiefmutter will von der Stieftochter auch Anerkennung für das, was sie für sie tut. – Sie wird sie kaum bekommen. Denn meist muss eine solche Tochter erst selbst Mutter werden um zu erkennen was ihr die Stiefmutter gegeben hat. Statt darauf zu warten oder darum zu kämpfen, ist es leichter, diesen Wunsch loszulassen. Oft gibt eine Stiefmutter auch mehr, als es innerlich für sie stimmt, nur um geliebt oder dem Bild der »guten« Stiefmutter gerecht zu werden.

Es hilft, sich in einem solchen Fall wieder auf sich zu besinnen und sich zu fragen: »Was habe ich an Besonderem in mir, das ich dieser Tochter als meine Liebe geben kann? Ist es meine Zuverlässigkeit, mein Lachen, mein Zuhören oder meine Art, Schwierigkeiten anzupacken? Sage ich ihr, welche Stärken ich in ihr sehe oder sage ich ihr mehr, was sie alles nicht tut? Was ist das gute Wort, das ich zu ihr sprechen will, damit sie meine Liebe spürt?«

Die Stiefmutter braucht immer wieder das Gefühl, dass sie ihre Liebe freiwillig gibt und dazu beiträgt, einem Menschen die Erfahrung von Liebe zu zeigen.

Hanna wurde von ihrer damals 17-jährigen Mutter zur Adoption freigegeben. Ihre Adoptiveltern waren sehr liebevoll und sie meint, sie hätte es in so einer Situation nicht besser haben können. Sie weiß heute um die Umstände, die ihre Mutter dazu gebracht haben, sie wegzugeben. Obwohl sie das als erwachsene Frau nachvollziehen kann, nagt an ihr immer wieder das Gefühl, dass ihre Mutter nicht zu ihr gestanden hat.

Eine Frau, die wie Hannas Mutter sehr früh ein Kind bekommt, kann sich in hohem Maße überfordert fühlen von dem Gedanken, ein Kind aufzuziehen und traut sich das nicht zu. In so einem Fall bräuchte eine junge Frau alle Unterstützung von ihrer eigenen Mutter, ihrer Familie und dem Vater des Kindes. Wenn diese Unterstützung fehlt und die eigenen Mutterinstinkte zu schwach sind oder sie selbst ein verlassenes Kind ist, dann findet sie oft nicht den Mut, die Kraft oder auch die Liebe, um ihr Kind alleine großzuziehen. In diesem Fall kann die Freigabe zur Adoption ein Akt der Liebe sein, durch den die Mutter der Tochter vielleicht sagen will: »Ich kann dir nicht die Liebe geben, die du brauchst, aber ich wünsche mir, dass du sie trotzdem findest und deswegen gebe ich dich frei.« Eine Mutter, die ihre Tochter zur Adoption freigegeben hat, hat neun Monate zu ihr gestanden. Sie hat sie in sich getragen, sie hat alle Regungen gespürt, sie hat sie geboren und ihr das Leben geschenkt. Das war alles, was diese Mutter geben konnte. Eine Mutter in so einer Situation hat vermutlich den geheimen Wunsch an die Tochter: »Mach etwas Gutes aus deinem Leben!«

Einige Töchter entwickeln gerade aus ihrer Sehnsucht nach der Mutter selbst so intensive Muttergefühle, dass ihr Schmerz zu einem Segen für ihre eigenen Kinder werden kann. Andere Töchter können dagegen nur wenige Muttergefühle entwickeln, sie wollen vielleicht gar keine Kinder oder wenn, sind diese Gefühle womöglich auch dann wenig für sie zu spüren.

Bei suchtkranken Müttern fallen physische und emotionale Abwesenheit meistens zusammen. Die Tochter einer solchen Frau muss häufig die Mutterrolle für sie übernehmen. Sie spürt das Defizit ihrer Mutter und zeigt deshalb das Verantwortungsgefühl, das die Mutter für sich selbst und ihre

Tochter aufgegeben hat. Ihre eigene Bedürftigkeit kommt dabei viel zu kurz. Für sie ist auch nicht zu verstehen, warum die Mutter offensichtlich ihre Sucht einer glücklichen Mutter-Tochter-Beziehung vorzieht. Töchter von suchtkranken Frauen wünschen sich meist nichts anderes, als dass ihre Mutter aufsteht und sich Hilfe holt, anstatt ihr diese Bürde aufzuladen.

Wenn Entwicklungen wie Sucht, Abwesenheit oder Gewalttätigkeit das Verhältnis zur Mutter belasten oder sogar zerstören, kann sich die Tochter folgende Gewissheit immer wieder ins Bewusstsein rufen: Die Handlungen der Mutter haben nichts mit mir zu tun, sondern mit ihrem eigenen alten, tiefliegenden Schmerz. Denn nur verletzte Menschen verletzen andere unschuldige Menschen.

Helen ist Sandras 17-jährige Tochter. Seit geraumer Zeit wohnt sie bei ihrer Tante, der älteren Schwester ihrer alkoholabhängigen Mutter. Als sich die Sucht bei Sandra verstärkte, ließ sich ihr Mann, Helens Vater, von ihr scheiden; Helen bat daraufhin ihre Tante, zu ihr ziehen zu dürfen.

Ihre Tante war immer die schöne, erfolgreiche Schwester von Sandra gewesen und stand der Mutter sehr nah. Sandra wiederum liebte ihren Vater über alles, und zerbrach fast an Trauer, als dieser unerwartet starb, als sie erst 13 Jahre alt war. Von da an lebte sie ein Mäuschendasein im Schatten ihrer Schwester, bis sie im späten Teenageralter ihr Gewicht reduzierte, sich ihrem Äußeren widmete und Anfang zwanzig einen Mediziner heiratete. Kurz darauf bekam sie ihre erste Tochter Helen.

Als die zweite Schwangerschaft durch eine späte Fehlgeburt endete, zerbrach Sandra fast an ihrer Trauer. Sie begann, mehr und mehr Alkohol zu trinken, um ihren Schmerz nicht mehr spüren zu müssen. Die Trauer um ihr verlorenes

Kind berührte auch die Trauer um ihren geliebten Vater wieder; es war der tiefe Schmerz von jemandem verlassen zu werden, der sie sehr geliebt hatte.

Was Sandra nicht merkte war, dass sie ihre Tochter Helen, die einzige andere Person die sie vorbehaltlos liebte, durch ihre Sucht nun ebenfalls verlor. Mit Helens Umzug zu Sandras Schwester durchlebte Sandra auch wieder das alte Gefühl ihrer Kindheit, nicht so gut zu sein wie ihre Schwester. Dieses Mal jedoch hatte Sandra die Konstellation unbewusst selbst geschaffen: der alte Schmerz wurde nur in anderer Form neu belebt.

Wenn die eigene Kraft noch nicht groß genug ist, um etwas zu verändern, kann eine verlassene Tochter in ihrem Leid hängenbleiben. Sie verhält sich dann so, dass andere sie wieder verlassen. Dieser Schmerzensweg kann selten abgekürzt werden, er muss manchmal bis zur Grenze durchlitten werden, bis etwas Neues aufbrechen kann. Unsere Verletzungsgeschichten holen wir uns so oft wieder heran, bis wir sie verstanden haben und uns davon lösen können. So war es auch bei Sandra.

Sie hat sich mittlerweile einer Therapie unterzogen und hofft, dass das Verhältnis zu ihrer Tochter Helen wieder näher werden kann.

Manche Mütter sind emotional abwesend, weil sie depressiv sind oder alles über sich ergehen lassen, ohne etwas dagegen zu tun. Das Unausgesprochene oder die Depression liegt dann zeitweise wie eine bleierne Schwere auf dem Familienleben. Die Tochter nimmt sich häufig wegen der niedergedrückten Stimmung der Mutter emotional zurück. Aber das hilft weder der Mutter noch der Tochter, denn beide sind in diesem Grundmuster gefangen und verstärken es noch: intensive Gefühle wie Freude, Wut oder Trauer werden nicht ausgedrückt, sondern zurückgehalten. Das fühlt sich für beide schwer an, weil ihre Gefühle – das Lebendigste, das sie haben, blockiert werden.

Eine Mutter, die eine zeitweilige Depression durchmachte, sagt im Gespräch: »Ich will da raus! Aus Liebe zu mir und zu meiner Tochter werde ich alles tun und mir Hilfe holen. Ich will meiner Tochter nicht die Last aufladen, die meine ist. Es gibt alte Kränkungen in mir, aber ich will daran arbeiten, sie in Kraft umzuwandeln!«

Diese Mutter will aus Liebe und Verantwortungsgefühl die Stärke aufbringen, den Weg aus der Depression aktiv anzugehen, um dadurch sich selbst zu helfen und die Beziehung zu ihrer Tochter nicht zu gefährden.

Wenn eine Tochter ihre Mutter depressiv erlebt, kann sie, statt mit zu leiden, auch etwas für sich tun. Sie kann auf die Mutter zugehen und sagen: »Ich merke, dass du ein Problem hast. Ich kann mitfühlen, aber ich kann und will es nicht für dich tragen. Was willst du dafür tun, dass du frei davon wirst?«

Immer wieder erleben Töchter auch, dass ihre Mutter mehr zu ihren Söhnen hält als zu ihnen. Für ihre Söhne tut die Mutter alles, sie schont sie in vielen Bereichen und verlangt weniger Verantwortung von ihnen als von den Töchtern. Bei der Hausarbeit und der Pflege im Alter zeigt sich das besonders. Klagte sie bei der Tochter eben noch über ihr Leben, sagt ihren Söhnen: »Mir geht es gut.« Töchter fühlen sich durch dieses Verhalten von ihrer Mutter verlassen. Vielen Müttern ist gar nicht bewusst, dass sie durch dieses Verhalten das Männliche überhöhen, indem sie die Männer schonen und von der Tochter erwarten, dass sie Verantwortung trägt und sich kümmert. Um sich aus solchen Mustern zu lösen, kann eine Tochter ihrer Mutter offen sagen, dass sie sich damit nicht gut fühlt. Sie muss sich nicht mit der Rolle identifizieren, die ihr von der Mutter zugewiesen wird. Sie kann sich bewusst aus manchen Verantwortlichkeiten zurückziehen und der Mutter klarmachen, dass sie bestimmte Aufgaben in Zukunft nicht mehr übernehmen wird.

Es gibt in vielen Familien extreme Situationen wie Missbrauch oder Gewalt. Wenn sich eine Mutter nicht schützend vor ihre Tochter stellt, sondern sie den zerstörerischen Kräften mancher Männer im Umkreis der Familie aussetzt, ist dies eine der schlimmsten Verletzungen für die Tochter. Gebietet sie der Gewalt oder der verbalen Abwertung durch den Vater, Stiefvater oder Bruder nicht Einhalt, schenkt sie bei Missbrauch der Tochter keinen Glauben, ist das die größte Verlassenheit, die eine Mutter ihrer Tochter antun kann.

Eine junge Frau erzählt von dem Missbrauch den ihr der Stiefvater antat, als sie 14 Jahre alt war. Sie vertraute sich damals ihrer Mutter an, die ihr aber nicht glaubte. Diese Tochter konnte sich nur vor den Angriffen des Stiefvaters schützen, indem sie weglief und somit ihre Familie und ihr Zuhause verließ. Sie fand dann zum Glück andere Menschen, die ihr Glauben schenkten und Schutz gaben.

Wie diese junge Frau flüchten viele Töchter vor Missbrauch und Gewalt. Sie müssen die Mutter und die Familie verlassen, um sich selbst schützen zu können. Wenngleich dieser Weg sehr schwierig ist, haben sich diese Töchter wenigstens emotional nicht selbst verlassen, sondern sich einen eigenen Weg gesucht, um das Zerstörerische zu unterbrechen.

Das Weggehen schließt nicht aus, dass es ein Wiederkommen geben kann. Viele Frauen haben die Kraft aufgebracht, sich ihren Gefühlen von Verlassenheit mutig zu stellen und ihre Mutter auf neue Weise wiedergefunden. So kann die Liebe zwischen Mutter und Tochter gerade auch an ihren Schwierigkeiten wachsen, bis sie sie stark genug ist, die Verletzungen miteinander zu überwinden.

»Ich will unabhängig sein« –
Die ich-bezogene Mutter

Eine freie Seele ist tief im Kern in vielen von uns verankert, aber oft bleibt sie verdeckt. Minderwertigkeitskomplexe, Frustration oder Pflichtbewusstsein verhindern den Zugang zu unserer unbeschwerten, ich-bezogenen Seite. Die Unabhängige gibt sich im Vergleich zu den anderen Muttertypen jedoch den Raum, diese Qualität frei zu leben. Sie weiß nicht nur um ihre Bedürfnisse, sondern fordert sie auch ein, was ihr oftmals einen unkonventionellen Lebensweg beschert.

Oft sind unabhängige Mütter kreative Köpfe, die ihre Freiheit und Ausdrucksmöglichkeiten in verschiedenen Bereichen leben wollen. Wenn diese Teile in ihr keinen Ausdruck finden, lebt sie nur halb. Ihr Streben nach Selbstbestimmtheit hat oft zur Folge, dass ich-bezogene Frauen ihre eigenen Bedürfnisse sehr genau kennen und diesen nachgeben wollen. Dabei beachten sie in manchen Fällen die Wünsche der anderen zu wenig.

Angelas Mutter hat wieder in ihrem Beruf gearbeitet, als Angela mit drei Jahren in den Kindergarten kam. Angela meint heute: »Meine Mutter war nicht die Frau, die zu

Hause bei ihrem Kind bleiben wollte. Sie wollte unbedingt arbeiten, vor allem um finanzielle Sicherheit zu haben. Sie war in ärmlichen Verhältnissen aufgewachsen und Geld war in ihrer Familie immer ein Unsicherheitsfaktor gewesen. Von meinem Vater finanziell abhängig zu sein, war für sie mit großer Angst verbunden. Deswegen war Teilzeitarbeit auch nie ein Thema für sie. Dieser Verdienst hätte ihr nicht gereicht, um sich sicher zu fühlen.

Als erwachsene Frau verstehe ich die Beweggründe meiner Mutter für ihre Ganztagsarbeit, aber als Kind war es schwierig für mich. Meine größte Sehnsucht damals war, nach dem Kindergarten oder nach der Schule einmal nicht im Hort bleiben zu müssen, sondern nach Hause gehen zu können. Ich habe mir sehr gewünscht, dass meine Mutter für mich das Essen kocht und ich mit ihr zusammensitzen und erzählen kann. Oft habe ich sehnsüchtig den Kindern nachgeschaut, die heimgehen konnten. Das bleibt mir als tiefe Traurigkeit in Erinnerung. Ich hatte nach der Schule auch nie meinen Privatraum wie andere Kinder, ich musste immer mit vielen Kindern zusammen sein, ob ich das wollte oder nicht. Manchmal war ich das letzte Kind, das abgeholt wurde und das war jedes Mal schlimm. Wenn ich meine Mutter fragte, ob sie nicht früher kommen könne, wies sie mich barsch zurecht, ich hätte schließlich wegen ihrer Arbeit ein gutes Leben. Ich habe das als Kind nie verstanden.«

Angelas Mutter war finanziell unabhängig, aber innerlich besetzt von der Angst, nicht genug zu haben. Dass ihre Tochter emotional einen Mangel erlebte, konnte sie dabei nicht sehen.

Mit zunehmendem gesellschaftlichem Spielraum zwischen beruflicher Entfaltung und Mutterschaft, wollen immer mehr Frauen ihren ganz individuellen Weg gehen und meinen darin ihre Unabhängigkeit zu finden. In den USA ist dieser Spielraum schon seit mindestens einer Generation länger vorhanden als in Deutschalnd. In meiner Nachbarschaft bin ich, Andrea, die einzige Mutter, die zu Hause bei ihren Kindern ist. Viele meiner amerikanischen Freundinnen wollen diesen Schritt nicht gehen – ihre emotionale und finanzielle Unabhängigkeit ist ihnen dafür zu wichtig. Entgegen meiner anfänglichen Skepsis, ob diese Frauen denn wirklich präsente Mütter sein könnten, habe ich im Laufe der Jahre viel von ihnen gelernt: Es sind liebevolle Frauen, die ihre Grenzen sehr genau kennen und ihre Identität außerhalb der Familie auf jeden Fall wahren wollen. Sie haben kein schlechtes Gewissen, wenn sie beispielsweise eine Vorführung ihrer Kinder in der Schule verpassen, denn der Vater wird hier meist gleichberechtigt in die Erziehung miteinbezogen.

Um sich in Beruf und Familie gleichermaßen verwirklichen zu können, braucht eine Frau den richtigen Partner und den passenden Beruf. Die Unabhängige sucht sich deshalb meistens einen selbstbewussten Mann, der seine Vaterrolle als wichtige Aufgabe schätzt und sie nicht als Karrierehindernis betrachtet. Nur mit diesem Rückhalt kann die unabhängige Mutter ihrem Beruf ohne Schuldgefühl nachgehen.

Sara kommt aus einer Künstlerfamilie. Mit ihren wilden, langen Locken und kurvigen Figur ist sie der Inbegriff von Weiblichkeit. Sie arbeitet im Marketingbereich einer internationalen Firma, für die sie kreuz und quer durch die Welt reist. Sara liebt diesen Beruf, der sie mit vielen Kulturen und unterschiedlichen Menschen zusammenbringt. Sie ist zudem Mutter von vier Kindern, darunter zwei Mädchen. Ihr Mann geht seinem eigenen, flexiblen Beruf nach, ist aber auch zuständig für die Versorgung der Kinder, wenn Sara unterwegs ist. Sobald sie von einer Reise zurückkommt, veranstaltet Sara eine große Familienmahlzeit, die bis spät in die Nacht dauern kann, denn sie kocht für ihr Leben gern. Sie strickt mit ihren Mädchen und arbeitet im Garten oder fährt mit ihnen in ihrem flotten, alten Cabrio spazieren. In den Zeiten, in denen Sara bei ihrer Familie ist, ist sie voll und ganz präsent. Sara liebt ihre Mutterrolle, aber auch ihren Beruf und die kulturellen Streifzüge, die er mit sich bringt. Mit dem Rückhalt ihres Mannes kann Sara beide Seiten leben und doch beruhigt sein, dass ihre Kinder eine stabile Bezugsperson haben. In ihren Töchtern kann man bereits jetzt die unkonventionelle Künstlernatur erkennen – ganz die Mutter. Auch wenn Kinder in jungen Jahren ihre Mutter lieber öfter bei sich hätten, lernen sie im heranwachsenden Alter die Authentizität des Weges der Mutter sicherlich schätzen. Sich selbst treu zu bleiben und den Mut zu haben, ihrer inneren Stimme zu folgen, ist Saras größtes Geschenk an ihre beiden Töchter, die später sicherlich einen ähnlich unkonventionellen Weg einschlagen werden.

Ausschließlich um die Gleichberechtigung und Identitätswahrung geht es manchen dieser unabhängigen Frauen allerdings nicht. Eine Mutter gibt ganz ehrlich zu, sie habe immer das Gefühl gehabt, keine optimale Mutter für kleine Kinder zu sein. Eine andere gab zu, eine derartig schlechte Beziehung zur eigenen Mutter zu haben, dass sie sich lieber dem Beruf widmet, als womöglich dasselbe Mutterschema mit ihren Töchtern zu wiederholen.

Wenn eine Frau Beruf und Mutterschaft gleichzeitig lebt, ist dies also keineswegs immer ein Zeichen für ihre unabhängige Natur. Sie muss sich immer wieder darauf besinnen, dass finanzielle Ungebundenheit und beruflicher Ausdruck nicht unbedingt von innerer Unabhängigkeit zeugen. So manche Frau folgt diesem Weg vielleicht nur, weil sie nicht sein will wie ihre Mutter, die zu Hause war. Eine andere braucht womöglich die gesellschaftliche Anerkennung oder den beruflichen Erfolg für ihr Selbstwertgefühl. Beide können innerlich abhängig sein, von gesellschaftlicher Anerkennung oder von der eigenen Mutter, gegen die insgeheim rebelliert wird.

Eine innerlich freie Frau kann mit Gelassenheit den gesellschaftlichen Erwartungen und ihrer Angst vor Einengung entgegentreten; eine wirklich autarke Frau folgt ihrer eigenen inneren Stimme. Und indem sie im Einklang ist mit sich selbst, macht sie sich frei von den Stimmen anderer. So kann eine Mutter auch dann unabhängig sein, wenn sie nach außen das traditionelle Mutterschema verkörpert.

Die Mutterphase bietet für eine autarke Frau viel Raum zur Selbstbestimmung: so kann sie an einem sonnigen Frühlingstag ihrer Mutteraufgabe etwa im Garten oder bei einem Spaziergang nachgehen. Die Kleinkindphase kann die unabhängige Frau auch als Pause und Zeit der Neufindung für sich nutzen. Wenn ein Kind geboren wird, verschieben sich automatisch die Werte, an denen sich eine Frau orientiert und sie lernt sich selbst ganz neu kennen. Viele Mütter, die sich diese Zeit als Rückzugsphase gönnen, entwickeln ein größeres Selbstbewusstsein und eine verstärkte Selbstkenntnis nach der Kinderphase.

In vielen Fällen sind unabhängige Frauen Töchter von unabhängigen Müttern. Deren Ausdrucksmöglichkeiten als Frau waren jedoch durch gesellschaftliche Strukturen und Erwartungen bis vor kurzer Zeit noch stark begrenzt. Diese Generation der Mütter musste ihren Drang nach Selbstverwirklichung oft so stark unterdrücken, dass sie häufig im

Alter keinerlei Inspiration oder Visionen mehr haben. Dieses Verhalten ist für eine unabhängige Tochter nur schwer zu verstehen.

Klara sagt dazu: »Ich bin jetzt 41 und an einem Punkt in meinem Leben, an dem ich zu meiner Mutter schaue, um zu sehen, was die Zukunft noch an Möglichkeiten mit sich bringt. Obwohl sie in Rente ist und, wie ich meine, in einer der besten Lebensphasen, scheint sie keinerlei Zukunftsbilder oder Wegweiser für ihr Alter zu haben. Ich glaube sogar, dass sie kaum noch Ziele oder Interessen hat. Ich will, dass meine Töchter lernen, wie man Ziele sowohl für sich, als auch für die Familie setzt. Ich will, dass sie sich bestärkt und selbstsicher fühlen, um ihren Interessen in jedem Alter nachzugehen.«

Klara betont dabei, dass ihre Töchter diese Kraft idealerweise in sich selbst finden sollen und nicht erst durch einen Partner – das entspricht genau ihrer unabhängigen Natur.

Ob berufstätig oder nicht, die unabhängige Frau braucht abwechslungsreiche Möglichkeiten des Selbstausdrucks. Um nicht zu einer »frustrierten« Mutter zu werden, muss die autarke Frau ihrer kreativen, freien Seite im Rahmen ihrer Möglichkeiten immer wieder bewusst Raum schaffen. Dafür müssen Frauen sich oft erst von den Rollenbildern und Mutteridealen lösen, die sie geprägt haben.

Stefanie durchlebte eine schwierige Zeit in ihrer Mutteraufgabe. Sie erzählt dazu: »Ich habe Musik studiert und bin als Konzertpianistin aufgetreten. Jetzt habe ich zwei Kinder, die zwei und vier Jahre alt sind und mit denen es viele glückliche Momente gibt. Aber zurzeit sind mein Grundgefühle Müdigkeit und Niedergeschlagenheit. So war ich früher

nicht, ich bin abends aufgetreten und und habe Konzerte ge-
spielt. Jetzt habe ich abends keine Energie mehr, auch nur
ein einziges Musikstück am Klavier zu spielen. Um eine
»gute« Mutter zu sein, habe ich das aufgegeben, was mir bis
dahin am meisten bedeutet hat. Aber so bin ich keine »gute«
Mutter und es tut mir weh, das zu sehen. Als ich zum Ge-
burtstag meiner Mutter wieder einmal Klavier gespielt
habe, kam meine vierjährige Tochter zu mir und sagte:
»Mama, so müsstest du immer sein!« Das hat mir schlagar-
tig die Augen geöffnet, dass ich meine Musik nicht aufgeben
darf. Das verlangt auch keiner von mir, ich war bis jetzt nur
so gebunden an mein ideales Mutterbild, dass ich meinte,
beides nicht vereinbaren zu können. Aber es gibt Wege und
ich werde sie suchen, nicht allein für mich, auch für meine
Familie.«

Stefanie hat erkannt, dass die Verantwortung für ihre künstlerische Seite allein bei ihr liegt und dass sie damit ihr Muttersein bereichert und nicht schmälert. Auch Töchter wollen
solch ein Opfer meistens gar nicht. Sie wollen, dass ihre
Mutter zufrieden ist. Eine Tochter wird bestimmte Ein-
schränkungen respektieren, wenn die Mutter klar und offen
zu dem steht, was ihr wichtig ist. Vorgeschobene Gründe
oder tiefe Schuldgefühle der Mutter bringen die Tochter nur
durcheinander. Die Tochter braucht das Gefühl, dass es der
Mutter gut geht, und dass sie eine ausgeglichenere Mutter
hat, als wenn diese zu viel von sich aufgeben würde. Keine
Tochter will mit dem Gefühl aufwachsen, ihre Mutter an deren Glück gehindert zu haben. Eine Mutter ist für ihre Tochter immer dann ein Vorbild, wenn sie zu sich steht in ihrer
ganz eigenen Art, Frau und Mutter zu sein, unabhängig davon, wie andere das sehen.

Die Dritte im Bunde

Auswirkungen der Mutter-Tochter-Beziehung auf die Partnerschaft

»Von unseren Müttern lernen wir Liebe zu geben und Liebe zu empfangen. Wir lernen wie wir in Beziehungen lieben, wie wir uns selbst lieben, und wie wir Gott lieben. Mutterliebe ist also eine Einführung in die Natur der Liebe.« (nach Katherine Klemstine)

Wer macht mich glücklich? Partnerwahl

Zu Beginn einer neuen Partnerschaft fühlen wir uns, als schwebten wir auf Wolken. Wir können unser Glück kaum fassen, diesen Seelenverwandten getroffen zu haben. – Endlich jemand, der genau dieselben Ansichten teilt wie wir, mit dem wir an einem Strang in dieselbe Richtung ziehen, der uns kritiklos liebt, wie wir immer geliebt werden wollten – er findet einfach alles an uns toll!

Wenn es für immer so bleiben würde, gäbe es keine Konflikte, Trennungen und Scheidungen mehr. Das heißt, dass irgendwo zwischen anfänglichem Liebestaumel und Trennungsgedanken ein Umwandlungssprozess stattfinden muss. Der Prinz verwandelt sich in einen Frosch, der plötzlich dieselben Gefühle in uns auslöst, wie es einst unsere Eltern taten. Womöglich behandelt er uns unerwarteterweise auch wie unsere Eltern. Wie konnten wir uns nur so in unserem Partner täuschen?

Die einfache Antwort ist, dass wir uns in unserer Partnerwahl gar nicht getäuscht haben. Wir haben den richtigen Partner für unsere persönliche Entwicklung gesucht und gefunden. Diese Annahme greift unter anderem auch die so genannte Imago-Paartherapie-Methode auf, entwickelt von Harville Hendrix. Sie besagt, dass wir als ganzheitliche Menschen geboren werden und erst im Laufe unserer jungen Kindheit, im Normalfall durch unsere Eltern, versehentlich emotional verwundet werden. Diese Wunden formen ein Bild der positiven und negativen Merkmale unserer Eltern, vergleichbar mit einem Negativabzug einer Fotografie. Dieses Bild nennt Hendrix das »Imago«. Wir tragen es unbewusst in uns, bis wir einen Partner mit dem passenden »Imago« finden, also einen Menschen, der mit dem zusammengesetzten Bild unserer Eltern übereinstimmt. In diesem Partner finden wir die Eigenschaften wieder, die wir von den Eltern als stärkend oder schwächend erlebt haben. Wir finden in ihm aber auch die Seiten wieder, die wir in uns unterdrückt und abgelehnt haben. In unserer Kindheit erschienen sie im Blick der Eltern als nicht liebenswert. Bei unserem Partner empfinden wir diese andere Seite zuerst als interessant und bereichernd, dann aber als störend und belastend.

Der Schlüssel zum Glück liegt nicht darin verborgen, unseren Partner ändern zu wollen, sondern herauszufinden, aus welchem Grund wir uns genau diesen Partner ausgesucht haben. Mit Blick auf unsere Kindheit können wir den Ursprung für unsere Fähigkeit zu lieben, unsere unerfüllten Bedürfnisse und verdrängten Verletzungen entdecken.Unsere Aufgabe ist es, daraus eine tiefere und reifere Liebe zu entwickeln. Dazu ist der Partner die Chance, die wir uns geben.

In einem Partner suchen wir anfangs einen Verbündeten, der uns vervollständigt, unsere Fehler akzeptiert und unsere ungelebten Sehnsüchte weckt. Dieser Mann sieht uns zunächst mit ganz neuen Augen, aus einem völlig unbelasteten Blickwinkel. Im Laufe der Beziehung aber, scheint auch er in unser altbekanntes Muster zu rutschen und wir in seines. In Eltern- und Paarbeziehungen geht es immer um das Zusammenspiel von Verhaltensmustern. Und wir sind die eine Hälfte in diesem Spiel. Wenn wir unsere eigenen Muster nicht ändern, wird sich auch die Bewegung in diesem Spiel nicht grundlegend ändern können. Dazu sagt der Autor und Erfinder Roger von Oech:

»Wenn du tust, was du seit jeher getan hast, bekommst du das, was du seit jeher bekommen hast.«

Es erfordert also Kreativität, um aus diesen veralteten Mustern auszubrechen. Auch wenn wir es uns noch so sehr wünschen – unseren Partner können wir nicht ändern. Partnerwechsel stellt auch keine dauerhafte Lösung dar, denn wenn wir an unserem Verhalten nichts verändert haben, spielen wir immer noch mit denselben schlechten Karten, nur mit einem anderen Gegenpart. Da wir uns in einer dynamischen Beziehung befinden, wird unser Partner automatisch an seinem Verhalten arbeiten müssen, wenn wir unser eigenes abwandeln. Hendrix betont in seinen Paartherapien, dass wir genau den passenden Partner gewählt haben, um unsere alten emotionalen Wunden zu heilen. Wenn wir aufhören, den Partner als Gegner zu sehen und beginnen ihn als Hilfe zur Selbstheilung zu begreifen, können wir mehr Nähe und Liebe mit ihm erfahren.

Christa ist eine Frau, die heute erkennt, dass manch verletzendes Verhalten ihrer Mutter und später ihres Mannes, sie zu mehr Selbstliebe geführt hat: »Schon als Kind war ich von meiner Statur her etwas stämmiger als meine jüngere Schwester. Ich fühlte mich wohl wie ich war, doch meine Mutter hänselte mich oft deswegen. Dabei sagte sie einmal: »Na ja, ein Schmetterling bist du nicht, du bist mehr die Raupe. Die kann aber auch schön sein.« Ich spürte sofort dieses »aber« in ihrem Satz und das tat mir weh. In mir setzte sich das Gefühl fest, dass ich keine »normale« Frauenfigur hätte. Als ich meinen Mann kennenlernte, gab er mir ein ganz anderes Gefühl: er liebte mich so, wie ich war, er schenkte mir Selbstvertrauen und Wertschätzung. Bis unser erstes Kind kam. Auf einmal änderte sich etwas, denn nun hörte ich auch von ihm kritische Bemerkungen über meine Figur. Er meinte zum Beispiel einige Wochen nach der Geburt, ich könnte mal etwas für mich tun, andere Mütter hätten kurz nach der Geburt schon wieder ihre Idealfigur. Diese Bemerkung kränkte mich tief. War es früher meine Mutter, die wegen meiner Figur stichelte, war es jetzt mein Mann. Das nagte an meinem Selbstwertgefühl und ich fühlte mich nicht angenommen, wie ich war. Doch durch ein Gespräch mit meiner Freundin wurde mir klar, dass ich an dieser Kränkung nicht festhalten wollte. Daraufhin sagte ich zu meinem Mann, dass ich, so wie ich bin, genau richtig sei. Die drei oder vier Kilos könnten doch nicht der Grund sein für weniger Wertschätzung mir gegenüber. Er ging darauf ein und wir konnten klären, welche Gefühle wirklich dahinter lagen. Ich habe verstanden, dass ich nicht immer darauf warten kann, dass andere mich achtend behandeln, aber ich kann es für mich tun.«

Je nachdem welche Mutter-Tochter-Dynamik unsere Kindheit prägte, leben wir meist eine ähnliche Dynamik in unseren Paarbeziehungen. Eine Tochter, die ihrer Mutter immer alles recht machen wollte, überträgt dieses Verhalten gegebenenfalls auch auf ihre Liebesbeziehung. Sie bindet sich vielleicht früh an einen Partner und hat dadurch das Gefühl, sich von der Mutter gelöst zu haben. Tatsächlich aber ersetzt sie meist nur die Mutter durch den Partner. Sie fühlt sich jetzt dafür zuständig, ihn glücklich zu machen. Genau wie in ihrer Mutterbeziehung glaubt sie, den Partner zufriedenstellen zu müssen, indem sie ihre eigenen Bedürfnisse seinen Wünschen unterordnet. Oft ist sie sich der Liebe ihres Partners nicht wirklich sicher und glaubt, ganz wie als Mädchen in ihrer Mutterbeziehung, nur als liebenswürdige Frau auch liebenswert zu sein.

Kurzfristig mag dieses Verhalten den Partner tatsächlich glücklich machen – womöglich tankt er so eigene fehlende mütterliche Zuwendung auf. Bestand kann diese Form der Selbstaufgabe allerdings selten haben, da sie auf Dauer für beide Partner unbefriedigend ist.

Je nachdem, welche persönliche Geschichte der Mann mit in die Beziehung bringt, mag er in dieser Situation im schlimmsten Fall fremdgehen oder er beginnt vielleicht, an seiner Frau herumzumäkeln. Beide Verhaltensweisen sind offene Provokationen. Statt an dem altbekannten Gefühl festzuhalten, nicht genug geliebt zu werden, obwohl sie doch alles für den Partner macht, kann diese Frau die Situation auch in einem postiven Licht betrachten – dieser Mann will endlich die Frau hinter der Tochter spüren. Er will nicht mehr ihre Selbstaufgabe, sondern ein gleichwertiges Gegenüber. Anstatt in ihren Verletzungen zu verharren, kann diese Frau die Chance dieser Beziehung erkennen: aufstehen und aus dem Schatten der Mutter treten.

Renate neigte lange Zeit dazu, ihre eigenen Wünsche in ihrer Ehe lieber unterzuordnen als dafür einzustehen. Sie wollte, dass es ihrem Mann gut geht. Sie umsorgte ihren

Mann wie eine Mutter und überließ es hauptsächlich ihm,
wichtige Entscheidungen zu treffen. Selten strebte sie dabei
nach einem Mittelweg, stattdessen ließ sie ihren Mann in
seiner Meinung gewähren. So war sie es von früher schon
gewohnt. Ihre Mutter war im Gegensatz zu ihr recht domi-
nant. Widerspruch bestrafte sie häufig damit, dass sie über
Stunden nicht mit der Tochter redete. Renate gewöhnte sich
deshalb daran, ihre Meinung für sich zu behalten anstatt
diesen Liebesentzug auszuhalten. Ihr Mann handelte zwar
nicht genau wie ihre Mutter, aber er schwärmte häufig von
Frauen, die ihren Mund aufmachten und sich nichts gefallen
ließen. Das ärgerte Renate jedes Mal und mit Groll dachte
sie: »Er sieht mich überhaupt nicht. Anstatt mich anzuer-
kennen was ich für ihn tue, zeigt er anderen Frauen die An-
erkennung, die nichts für ihn tun!« Diese Haltung hatte sie
auf einmal satt. Sie fragte sich jetzt: »Wo bin ich überhaupt
in dieser Beziehung? Was ist mir selbst denn wichtig? Wenn
mein Mann bei anderen Frauen das bewundert, was ich mir
nicht erlaubt habe, dann werde ich genau das jetzt tun!« Mit
neuer Sicherheit traf sie plötzlich diese Entscheidung und
war damit herausgetreten aus dem Verhaltensmuster, das sie
in der Beziehung zur Mutter entwickelt und bei ihrem Mann
fortgesetzt hatte.

Die Tochter einer kritischen Mutter sucht sich oft einen
Partner, der ebenfalls über andere richtet. Mit ihm bleibt sie
zwar in ihrer eigenen Enge gefangen, sie fühlt sich unter ih-
resgleichen jedoch sicher. Wenn sie aber Mut hat, wählt sie
einen frei denkenden Mann. Womöglich wird sie ihn später
bemäkeln, aber neben ihm kann sie, wenn sie es will, ihre
wirkliche Sehnsucht nach Gelassenwerden entwickeln.

Vielleicht enstammt der Mann einer anderen Kultur oder
ist unter ganz anderen Bedingungen aufgewachsen als sie.

Anfangs fühlt sich die Tochter dann wie befreit; seine Fremdartigkeit wirkt erfrischend und abenteuerlich. Mit dieser Beziehung vermeint sie sich aus der geistigen Enge ihrer Kindheit loslösen zu können. Im Laufe der Zeit muss die Tochter allerdings feststellen, dass sie der kritischen Mutter nicht wirklich den Rücken gekehrt hat. Ganz im Gegenteil – sie gleicht sich ihr vielleicht mehr und mehr an. Denn aufgrund der Andersartigkeit des Partners, fällt es der Tochter, und mitunter auch ihrer kritischen Mutter, meistens nicht schwer, seine Schwächen oder Unterschiede zu attackieren.

Auch wenn eine solche Partnerwahl zu Beginn wie eine Rebellion gegen die Konventionen des Elternhauses wirkt, leiden solche Beziehungen oft an den gegenseitigen Erwartungen der Partner. Beide suchen im anderen nach etwas Neuem, Andersartigem, ohne jedoch ihre alten Verhaltensweisen zu erneuern. So können beide Partner die alten Beziehungsmuster weiterführen, lediglich in neuer Besetzung.

Anna ist mit einem Ausländer verheiratet. Sie kommt aus einem kleinen Ort in den Südstaaten, wo sie zusammen mit ihrer Mutter und Schwester aufgewachsen ist. Ihre Eltern sind geschieden. Seit sie sich erinnern kann, interessiert sich Anna für andere Kulturen. Mit der Heirat eines Mannes aus einer anderen Kultur, erhoffte sie sich eine unkonventionelle Partnerschaft. Obwohl sie mit ihrer Ehe gegen das traditionelle Elternhaus zu rebellieren meinte, musste Anna nach einigen Jahren feststellen, dass sie nicht die ersehnte moderne multi-kulturelle Beziehung lebte, die sie sich anfangs erträumt hatte. Sie hatte vielmehr die unglückliche Ehe ihrer Eltern wiederholt. Anstatt sich der unterschiedlichen Denkweise ihres Mannes zu öffnen, kritisierte sie vermehrt seine Andersartigkeit, besonders in Bezug auf die Erziehung ihres

gemeinsamen Kindes und seine generelle Lebensweise.
Ende letzten Jahres trennte sie sich von ihrem Mann. Anna
ist jetzt Alleinerziehende, genau wie ihre Mutter es war.

Die Tochter, die ursprünglich geistige Freiheit als Gegen-
stück zu ihrem engen Elternhaus suchte, wählte einen
Mann, der ihr diese Freiheit zu versprechen schien. Doch
ein andersdenkender Partner bringt auch unsere persönlichen Unsicherheiten zutage: Um von der eigenen Befan-
genheit abzulenken, werten wir dann häufig den Partner ab,
um uns wieder stark zu fühlen.

Eine solche Tochter kann sich immer wieder ins Bewusstsein rufen, dass ihr Partner der Schlüssel zu einem bewer-
tungsfreien Leben sein kann. Mit ihm kann sie es wagen, zu
der Frau zu werden, die sie immer sein wollte. Durch ihre
Partnerwahl hat sie schon ein Zeichen des Neuanfangs gesetzt – aber wirklich innovativ wird eine solche Beziehung
nur, wenn diese Tochter auch ihre Denkweise und damit
auch ihr Beziehungsmuster erneuert.

Verlassene Töchter haben in ihren Liebesbeziehungen oft
Angst, auf dieselbe Weise verlassen zu werden wie von der
Mutter. Sie können gefangen sein in Gefühlen von mangelndem Geliebtsein, endloser Sehnsucht nach mutterähnlicher
Nähe und der Angst vor erneutem Verlassenwerden. Häufig
wagen diese Töchter es nicht, sich dem Partner voll und
ganz zu öffnen. Sie halten ihn auf emotionaler Distanz.
Dann fühlt sich der Partner – wie einst die Tochter selbst –
nicht genug geliebt.

Andere wiederum wollen mit ihrem Partner die fehlende
Nähe zur Mutter nachholen. Diese Töchter neigen dazu, ihre
Bedürfnisse denen des Partners unterzuordnen. Sie über-
nehmen häufig seine Meinung, als wäre es ihre eigene. Ihre
Suche nach absoluter Einheit kann den Partner so sehr ein-

engen, dass er die Tochter zurückweisen muss. Beide Muster können zur Folge haben, dass genau das geschieht, wovor die Tochter eigentlich zu fliehen versuchte, nämlich erneut Verlassenheit zu erfahren.

Ich, Andrea, habe Eva zufällig in Amerika kennengelernt. Ursprünglich stammt sie aus Deutschland, war aber zu dem Zeitpunkt schon seit etwas über zehn Jahre in den USA und mit einem Amerikaner verheiratet. Aufgrund seines Jobs war sie schon durch das ganze Land mit ihm gezogen, immer in der Hoffnung, irgendwo sesshaft werden zu können. Als wir uns kennenlernten, hatte ihre Ehe unter den jahrelangen Ortswechseln schon sehr gelitten.

Eva ist eine ruhige Frau, ihr originelles Modegespür und ihr herzliches Lachen zeugen jedoch auch von Unbekümmertheit und Abenteuerlust. Ihre braunen Augen aber haben einen prüfenden Blick, als müsste sie sich immer erst der Vertrauenswürdigkeit ihres Gegenübers versichern.

Evas Bruder ist um einiges älter – ob sie noch gewünscht war oder nicht, weiß sie nicht so genau. Sie weiß nur, dass ihre Mutter nie einen außerordentlich großen Kinderwunsch pflegte und dass sie am liebsten gearbeitet hätte. Um Kind und Berufswunsch zu vereinbaren, wurden in Evas Elternhaus Ferienwohnungen eingerichtet, die die Mutter verwaltete. Eva wurde als Kleinkind untertags im Elternschlafzimmer gelassen mit dem Argument, dass sie zart und anfällig für Krankheiten sei und man sie so am besten vor den Feriengästen schütze. Zum Füttern und Wickeln kam die Mutter regelmäßig ins Zimmer.

Evas erste Erinnerungen an ihre Kindheit beschreibt sie mit den Worten: Sehnsucht, Traurigkeit, Langeweile und Angst. Sie kann sich an keinen einzigen offenen Wutausbruch erinnern, aber an eine latente dauerhafte Schwere, die sie zu Hause empfand. »Ich habe meine Mutter immer als unglückliche Frau erlebt«, sagt Eva. »Sie war unzufrieden mit ihrem Wohnort und der emotionalen Unzugänglichkeit meines Vaters. Sie war eigentlich eine verspielte, kreative Frau, die gerne aus dem Haus gegangen wäre. Jeden Tag, wenn ich von der Schule kam, nahm ich es mir zur Aufgabe sie aufzuheitern. Ich pflückte auf dem Heimweg Blumen für sie oder massierte ihre Waden nach einem langen Tag.«

Eva war nicht von Menschen verlassen, aber sie war dennoch ganz alleine in ihrer femininen, fürsorglichen Rolle. Wegen ihres »zarten Wesens« wurde sie als kleines Kind vom Leben abgeschottet und nicht durch die weibliche Kraft ihrer Mutter gestärkt.

Doch dann traf sie als junge Frau während eines USA-Aufenthaltes ihren späteren Ehemann. »Ich habe mich noch nie so geliebt gefühlt, so angenommen, wie von ihm. Meine Mutter war so eifersüchtig auf mein Leben und hat mir die Schuld an ihrem ganzen Unglück gegeben.« – Eva lebte die versteckte Lebenslust ihrer Mutter und wurde dafür mit Liebesentzug bestraft.

Geprägt von ihrer Kindheit hatte Eva stets Bedenken, sich und ihre Bedürfnisse einem anderen aufzubürden. Ihre Sehnsucht nach einem dauerhaften Wohnort konnte sie aus Rücksicht auf die berufliche Situation ihres Mannes nie durchsetzen. Interessanterweise entwickelte Eva eine Gelenkkrankheit, die sich zum Ende ihrer Ehe stark verschlechterte. Mit dieser Krankheit muss Eva andere gelegentlich um Hilfe bitten. Ihre Gelenke werden starr und unbeweglich und hindern sie daran, die Tätigkeiten auszuführen, die sie mit ihrer Lust an Natur und Bewegung gerne tun würde. Die Krankheit macht Evas Leben phasenweise zur Last und ihre Stimmung wird schwer.

In der Partnerschaft wählt die verlassene Tochter oft einen glücklichen Menschen, um ihre Traurigkeit durch das Glück des Partners zu kompensieren. So meint sie, ihre Stimmung regulieren zu können. Sie geht eine regelrechte Symbiose der Gefühle ein. Endet diese Beziehung, kann das wieder aufsteigende Verlassenheitsgefühl so gravierend sein, dass es körperliche oder seelische Krankheiten zur Folge hat.

Eine verlassene Tochter kann sich stets ihren Selbstwert und ihre Autonomie ins Bewusstsein rufen, denn sie muss erst zu einer ganz eigenen Person werden, um eine gesunde, gleichwertige Partnerschaft führen zu können. Dabei kann es ihr helfen, sich folgendes zu fragen: »Wer bin ich, wo sind meine Grenzen und wo fangen die des Partners an?« Um sich in ihrem Selbstwert zu stärken, sollte sie sich immer wieder vergegenwärtigen, dass sie wertvoll und liebenswert ist, ganz egal, was ihr Partner ihr entgegenbringt. – Eine Frau wird nicht verlassen weil sie die Liebe nicht wert ist, sondern weil sie sich ihres »Liebes-Wertes« nicht bewusst ist.

Im direkten Gegensatz zur verlassenen, steht die unabhängige Tochter. Mit ihrem Sinn für Individualismus und Autonomie braucht sie einen Partner, der sie in ihrer freien Natur sein lässt, sie aber gleichzeitig zu einer partnerschaftlichen Gemeinsamkeit führt. Ein Mann muss ein starkes Selbstbewusstsein haben, um neben der Unabhängigen stehen zu können. Sie sucht sich meist einen gleichwertigen Mann, der ihr Kontra geben kann, ohne dominant zu sein.

Ute lebte in ihrer ersten Ehe ein ähnliches Familienbild wie ihre Eltern, das sie als Kind sehr geschätzt hat. Doch im Laufe ihrer Ehe erkannte sie, dass dieses Bild nicht für sie passte: »Ich habe mir lange nicht eingestanden, dass ich für diese Art von Familienbeziehung nicht geschaffen war –

83

mein Mann im Beruf, ich zu Hause bei den Kindern. Für mich war dieses Leben zu einseitig, ich wollte noch andere wichtige Seiten von mir ausdrücken. Ich sehnte mich nach mehr Ungebundenheit und Vielfalt. Wenn mein Mann auf Geschäftsreisen ging, war ich neidisch auf ihn. Er konnte seine Ungebundenheit leben, während ich mich zu Hause umso mehr gebunden fühlte. Kam er nach Hause, nörgelte ich an ihm herum und gab ihm mehr oder weniger die Schuld an meiner Eingrenzung. Ich konnte damals noch nicht zu mir stehen und mir selbst den Raum geben, meine vielseitigen Talente auszudrücken.

In meiner zweiten Ehe lebe ich mit meinem Mann nun das, was meiner Natur mehr entspricht. Wir versuchen uns die Zeit für unser Kind, für den Beruf und die Hausarbeit so aufzuteilen, dass für jeden auch Zeit für andere Begabungen bleibt. Meistens gelingt uns es gut, diese Vielfältigkeit zu bewahren. Ich gehe allerdings so in meinem Beruf auf, dass ich meinem Mann oft mehr Zeit mit unserem Kind und der Hausarbeit zumute und ihn damit in seinem Raum für sich eingrenze. Hierin gerate ich leicht in Gefahr, die Balance zu verlieren und beinahe in die gegensätzliche Rolle zu früher zu kommen. Ich tendiere dann dazu, zu viel zu arbeiten, doch mein Mann zeigt mir klar seine Grenzen und korrigiert mich auf diese Weise. Ich will meinen Wunsch nach beruflichem Ausdruck nicht höher stellen als den Wert meiner Familienbeziehung.«

In Gesprächen mit Paaren, die so leben wie Ute und ihr Mann, war auffallend, dass die Männer zwar eine gleich große Ich-Stärke aufweisen wie ihre Frauen, aber im Vergleich mit anderen Männern ihrer Generation weniger an einer steilen Karriere interessiert sind, als an einer glücklichen Familie. Sie sehen sich und ihre Frau als Team, das nicht gegeneinander um Positionen kämpfen muss, sondern gemeinsam ans Ziel kommen will.

Vertraute Muster in der Konfliktlösung

Eine Freundin sagte lachend über ihren Ehemann: »Ich habe so darauf geachtet, bloß nicht meinen Vater zu heiraten, dass ich am Ende meine Mutter geheiratet habe!« Teresa, Juristin und Tochter einer »frustrierten« Mutter gestand, dass sie mit ihrem Mann eine Ehetherapie besucht: »Mein Partner zeigt sich in Auseinandersetzungen genauso passiv-aggressiv wie meine Mutter und ich nehme in unserer Beziehung dieselbe rebellische Rolle an, die ich schon aus meiner Kindheit kenne.«

Bevor wir unseren Partner kennenlernen, spielen wir seit mindestens zwei Jahrzehnten einen individuellen Part. Wir sind ein Engel oder eine Rebellin, eine Überfliegerin oder das schwarze Schaf der Familie. Irgendwo zwischen diesen Extremen liegt unsere Rolle in der Beziehung zu unserer Mutter. Ob wir wollen oder nicht, unsere Funktion in dieser Beziehungsdynamik prägt uns für eine lange Zeit. Zum Zeitpunkt der Partnerwahl kennen wir unsere Rolle in- und auswendig. Es ist deshalb nur logisch, dass wir sie mit in unsere Beziehung hineinnehmen. Selbst wenn wir uns glücklicherweise genau den richtigen Partner gesucht haben, um uns neu zu entdecken, sabotieren wir uns und unsere Beziehung, damit wir doch wieder in unser altbekanntes Rollenmuster passen. Denn diesen Part kennen wir schon, wir wissen, wie wir uns fühlen, was von uns erwartet wird und wie wir uns verhalten müssen.

Annette fühlte sich als Kind oft ungerecht behandelt. Wenn ihr jüngerer Bruder sie ärgerte und sie sich wehrte, schimpfte die Mutter mit ihr, aber selten mit ihrem Bruder. Ihr Protest dagegen half meistens nichts. Weil sie sich unverstanden fühlte, zog sie sich immer schmollend in ihr Zimmer zurück. Wenn sie nach einiger Zeit wieder herauskam, wurde von ihr verlangt, dass sie sich für ihr Benehmen entschuldigt. Die Mutter gab ihr das Gefühl, sie sei schuld, obwohl sie selbst sich gar nicht schuldig fühlte. Ihr sehnlichster Wunsch in solchen Situationen war, dass ihre Mutter einsehen würde, dass sie sie ungerecht behandelt hatte und sich bei ihr entschuldigen würde. Das geschah aber nie.

In ihrer Ehe musste Annette erkennen, dass sie mit ihrem Mann in das gleiche Muster geraten war. Sie fühlte sich in Konfliktsituationen von ihrem Mann häufig angegriffen. Wenn sie sich wehrte, ging ihr Mann kaum auf ihre Argumente ein, sondern beschwerte sich stattdessen über ihren Ton, der nicht angemessen sei. Wie früher ging sie schmollend aus dem Zimmer und zog sich zurück, weil sie sich unverstanden fühlte. Danach entschuldigte sie sich wie selbstverständlich bei ihrem Mann für ihr Benehmen. Das Muster war ihr so vertraut, dass sie sich eine Zeit lang nichts dabei dachte. Bis ihr nach einem heftigen Streit zum ersten Mal auffiel, dass ihr Mann sich nie bei ihr entschuldigte. Das Aufeinanderzugehen ging immer von ihr aus. Bei der nächsten Konfliktsituation drehte sie aus Trotz den Spieß um und sagte ihm, sie käme erst wieder aus dem Zimmer heraus, wenn er sich bei ihr entschuldigen würde. Sie fand so zum ersten Mal den Aufbruch aus einem altbekannten Muster. Danach konnte sie mit ihrem Mann nach einem reiferen Umgang mit ihren Konflikten suchen.

Egal, welche Art Tochter wir sind und welche Mutterge-
schichte wir in uns tragen: unsere Partnerwahl ist ein Aufbruch für unsere eigene Entwicklung. In unserer Partnerschaft haben wir die Chance, unser altes Muster abzulegen
und eine andere Seite in uns zu entwickeln.

Dazu bieten Konfliktsituationen eine ideale Möglichkeit.
Denn wir mögen in vielen beruflichen und familiären Spannungen zu einfallsreichen und ausgereiften Lösungen beitragen; sobald wir aber in einen Konflikt mit unserem Partner geraten, fallen wir erst einmal zurück in altvertraute
Muster. Konfliktsituationen verunsichern uns, und deshalb
reagieren wir zunächst mit Verhaltensweisen, die wir uns als
Kind angeeignet haben. Sie geben uns im ersten Moment
Sicherheit – mit ihnen kennen wir uns aus. Dass wir dabei
nicht wirklich zu einer befreienden Lösung kommen, merken wir spätestens, wenn wir im Streit feststecken. Reagiert
der Partner ebenfalls mit seinen kindlichen Verhaltenweisen
auf uns, kreist die Auseinandersetzung weniger um die Lösung des Problems als um die Frage: Wer hat hier Recht, wer
ist schuld oder warum verstehst du mich nicht?

Wenn beide oder einer der Partner nicht bewusst aus diesem Teufelskreis aussteigen, verfestigen sich die alten Muster so stark, dass sie zu Missverständnissen und Distanz führen. Einer von beiden zieht sich dann oft beleidigt zurück
oder attackiert den anderen mit Vorwürfen, was er für ein
schwieriger Mensch sei.

Genau das hat die Tochter vielleicht schon oft von ihrer
Mutter gehört, wenn sie mit ihr gestritten hat. Und dadurch
kam sie womöglich selbst zu der Überzeugung, dass sie einen schwierigen Charakter hat. Wenn ihr das später auch
noch der Partner im Streit sagt, dann glaubt sie erst recht,
schwierig zu sein. Und das schwächt sie im Umgang mit
Konflikten. Denn im Innersten denkt sie vermutlich, dass es

weniger Probleme in ihrer Beziehung gäbe, wenn sie nur nicht so kompliziert wäre. In solchen Momenten hat sie den Zugang zu ihrer Stärke verloren, weil sie sich immer noch aus der Wertung der Mutter und jetzt des Partners definiert.

Eine Mutter bewertet ihr Kind oft als schwierig, wenn es anders ist als sie. Das Kind zeigt Verhaltensweisen, die der Mutter fremd sind oder Auffälligkeiten, die der Mutter peinlich sind. Nicht immer wird eine Mutter dann das Einfühlungsvermögen aufbringen, um die Tochter tiefer wahrzunehmen und zu verstehen. Sie hat bei diesem Anderssein der Tochter häufig ein Gefühl von Ohnmacht. Oft weiß sie nicht mehr, was das Kind und was sie selbst braucht. Aus dieser Ratlosigkeit heraus, bezeichnet sie das Kind dann einfach als schwierig. Wenn die Mutter ehrlich zu sich selbst ist, wird sie sich eingestehen müssen, dass sie einfach noch keinen Weg gefunden hat, mit dem Anderssein der Tochter umzugehen.

Jana war ihrer Mutter immer sehr nahe, bis sie in die Pubertät kam. In dieser Zeit spürte sie, dass sie ganz anders war als sie. Ihre Mutter erschien ihr als liebevolle, aber sehr angepasste Frau, die sich schwer tat, ihre Meinung anderen gegenüber zu vertreten. Sie wehrte sich selten gegen verbale Angriffe, am wenigsten gegen die ihres Ehemannes. Jana dagegen war in dieser Zeit extrem rebellisch. Hatte die Familie beispielsweise Gäste zu Hause, ging sie grundsätzlich auf Konfrontationskurs zu den Meinungen der Erwachsenen, stellte ihnen herausfordernde Fragen, um sie zu provozieren. In Wirklichkeit provozierte sie ihre Eltern, besonders die Mutter. Ihr war Janas Benehmen nur peinlich und sie entschuldigte das Verhalten der Tochter damit, dass ihre Tochter ein besonders schwieriges Kind sei. Doch Jana tat nur das, was ihre Mutter kaum wagte: ihre ehrliche Mei-

nung zu sagen, anstatt sich unterwürfig der Meinung anderer anzupassen. In ihrer überschäumenden Art wollte sie der Mutter etwas zeigen: Jana wollte eine starke Mutter, eine Frau, die zu sich stehen konnte und die sich auch von ihrem Vater keine Herabsetzungen gefallen ließ. Als Jana ihrer Mutter nach einer verletzenden Bemerkung ihres Vaters wütend entgegenhielt, sie solle sich endlich einmal wehren, meinte die Mutter nur: »Kind, du hast ja keine Ahnung! – Wenn du einem Mann gegenüber so aufmüpfig bist wie du, wird kein Mann bei dir bleiben. Man muss wissen, wann man schweigen muss!«

Jana hat inzwischen zwei gelöste Ehen hinter sich und nach jeder der beiden Trennungen kamen ihr diese Sätze ihrer Mutter in Erinnerung. Selbstzweifel plagten sie und sie fragte sich, ob an den Worten ihrer Mutter nicht doch etwas Wahres sei. Vielleicht war sie für eine Beziehung wirklich zu schwierig. In ihren beiden Ehen hatte sie das Gefühl, immer kämpfen zu müssen. Ihr erster Mann bewunderte zwar ihre Stärke, zog sich in Konfliktsituationen aber lieber zurück und war ihr damit kein Gegenüber. Ihr zweiter Mann pendelte in Streitsituationen zwischen abwertenden Worten und hilflosen Aussagen wie: »Mach doch, was du willst!«, hin und her. Jana wurde zunehmend bewusst, dass sie, wie damals bei ihrer Mutter, darum kämpfte, Gleichwertigkeit zwischen den Partnern zu erreichen. Sie erkannte, dass ihre Beziehungen nicht daran zerbrachen, weil sie so »anders« und »schwierig« ist, sondern weil sie in ihrer Entwicklung noch nicht so weit war, tatsächlich einen Partner zu wählen, der ihr auch in Konfliktsituationen gleich stark gegenüberstehen konnte. Aus Angst, es ihrer Mutter gleichzutun, konnte Jana außerdem nicht erkennen, wann tatsächlich der richtige Zeitpunkt in einer Diskussion gekommen war, um den Konflikt zu beenden.

Viele Töchter konnten von ihrer Mutter keine reife Form der Auseinandersetzung in Beziehungen lernen. Deswegen liegt für die Tochter in ihrer eigenen Partnerschaft ein großes Wachstumspotential, in Konflikten ihre kindlich gebliebenen Muster in erwachsene Ausdrucksformen zu bringen. Das wird einer Frau nur gelingen, wenn sie sich nicht mehr an dem kleinen Mädchen in sich festklammert, das unbedingt geliebt werden will. Denn darin liegt die Blockade, die eine Frau davon abhält, dem Partner auf sein Verhalten hin offen zu sagen, was sie will und was nicht.

Du bist ein Schatz – Wertvolle Weiblichkeit

Einer der häufigsten Streitfaktoren in Beziehungen ist das Gefühl, vom Partner nicht respektiert oder verstanden zu werden. Vielleicht gibt der Mann seiner Frau mit Worten durchaus zu verstehen, dass er sie schätzt, doch hört diese Wertschätzung beispielsweise in dem Moment auf, in dem er die geliebte Sportsendung im Fernsehen anschaut. Manche Frau hat dann das Gefühl, für ihren Partner gar nicht vorhanden zu sein. Von gemeinsamen Absprachen oder Respekt für ihre Interessen, die in diesem Moment vielleicht eher zu einem Spielfilm tendieren, spürt sie in solchen Augenblicken nichts.

Elisabeth ärgert sich jedes Mal, wenn ihr Mann abends ihren Wunsch nach Ruhe und Entspannung einfach ignoriert. Damit sie im Wohnzimmer auch einmal lesen kann, haben sie einen Kopfhörer gekauft, aber ihr Mann benützt ihn nur, wenn Elisabeth ihn darum bittet. Will sie zur Entspannung mal einen Liebesfilm sehen, hat sie gar keine Chance, wenn zur gleichen Zeit eine politische Sendung oder eine Sport- übertragung läuft. Er gibt ihr zu verstehen, wie »kitschig« diese Liebesfilme seien, während er sich politisch informie- ren möchte. Sie hat schon so oft mit ihm darüber gestritten, aber höchstens für ein paar Tage mehr Rücksicht für sich er- reicht, dann ist alles wieder beim Alten. Elisabeth hat inzwi- schen resigniert, spürt in solchen Situationen aber trotzdem Groll und Traurigkeit.

Vielleicht hat Elisabeth von ihrer Mutter nicht lernen kön- nen, sich durchzusetzen, weil diese ihre eigenen Vorstellun- gen auch dem Mann untergeordnet hat. In früheren Genera- tionen war die Wertschätzung der Frau so gering, dass viele Mütter ihren Töchtern wenig Selbstwertgefühl vermittelt haben. Was sich über Generationen festgesetzt hat, wird sich kaum in einer Generation auflösen lassen.

Aber gerade in ihrer Partnerschaft kann einer Tochter be- wusst werden, wie stark oder wie gering sie ihren eigenen Wert als Frau lebt. Sie wird mit ihrem Partner auf ihre Min- derwertigkeitsgefühle stoßen. Beide meinen zwar am An- fang, dass sie jetzt durch den anderen von ihren Unsicher- heiten befreit werden. Ihr Wertgefühl steigt auch immens, wenn der andere sie zuerst als etwas ganz Besonderes sieht und sie vermittelt bekommen: »Du bist für mich ein Schatz!« Doch nach einiger Zeit erkennen sie enttäuscht, dass sich ihre Minderwertigkeitsgefühle durch das Ver- halten des Partners eher noch verstärken. Trifft sich die Frau zum Beispiel mit ihren Freundinnen im Café, meint der Partner auf einmal abschätzend, sie würde zum »Frauen- tratsch« gehen. Sie sucht daraufhin bei ihm einen Bereich, in dem sie ihn abwerten kann. Leider führen Groll, Traurig- keit und Abwertung zu einer innerlichen Entfremdung der

Partner. Der Ärger verschwindet nie wirklich, sondern taucht in anderen Formen wieder auf. Sticheleien oder Witze über den Partner sind nur zwei von vielen Ausdrucksweisen, in denen der versteckte Groll wieder zum Vorschein kommt.

Das Besondere des Partners wird auf einmal nicht mehr verstanden und respektiert. Statt sich gegenseitig aufzuwerten, setzen sich beide nun gegenseitig herab.

Doch langfristig will sich das Gesunde im Menschen durchsetzen und so kann ein Partner auch mitten in einer entwertenden Situation ein Gefühl für den eigenen Wert entdecken und daraus ein anderes Verhalten entwickeln. Beide Partner nehmen sich viel von ihrem Glück, wenn sie in der Warteposition verharren und erwarten, der andere sei für ihr Wertgefühl zuständig und nicht sie selbst. Gerade im Abschied von dieser passiven Rolle liegt für Töchter die Chance, geringe Wertgefühle aus der Mutterbeziehung in eine wertschätzende Haltung für sich als Frau zu verwandeln.

Anita wird von ihrem Mann sehr geachtet – auch als Frau. Jedes Mal, wenn er auf dem Wochenmarkt einkauft, bekommt sie eine Rose von ihm geschenkt. Während manche Frau von dieser liebevollen Geste nur träumen kann, tut sich Anita jedoch schwer, diese Wertschätzung ihres Mannes anzunehmen. Im Innersten glaubt sie nicht daran, ihm wirklich viel wert zu sein.

Anitas Mann kann ihr noch so viel Wertschätzung entgegenbringen, wenn sie, ähnlich wie in ihrer Rolle als Tochter, in ihren Gefühlen der Minderwertigkeit hängenbleibt. Sie wird dann nicht annehmen können, dass sie für ihn ein Schatz ist. Ihr erster Schritt sollte sein, die Muster der Vergangenheit hinter sich zu lassen und sich selbst als Frau wertvoll zu behandeln. – Sie kann sich glücklich schätzen, wenn ihr Mann sie darin stärkt.

Hat ein Mann eine komplizierte Mutterbeziehung, wird er in manchen Bereichen seine Partnerin mit der Mutter vergleichen. Dort, wo das Verhalten seiner Mutter für ihn unverständlich war, wird er auch mit Unverständnis auf das Verhalten seiner Partnerin reagieren. Vielleicht tendiert er dazu, sie in dem, was sie sagt, nicht ernstzunehmen oder sie zu entwerten. Sie muss dann oft die Kritik ertragen, die er seiner eigenen Mutter nicht sagen konnte. Will ein Mann der gute Sohn der Mutter bleiben, lässt er oft zu, dass seine Frau von seiner Mutter herabgesetzt wird. Er steht weder für die Achtung seiner Frau, noch für seine eigene ein. Aus dieser Erfahrung kann eine Frau umso mehr erkennen, wie wichtig es ist, sich selbst wertzuschätzen. Sobald ihr das gelingt, wird sie sich keine entwertenden Bemerkungen mehr anhören, sondern achtend für sich selbst sprechen. Auch hier kann es zur inneren Entfremdung der Partner kommen. – Wenn der Mann näher bei seiner Mutter steht, als bei seiner Frau, ist er mit seinen Bedürfnissen mehr Kind als Mann und für seine Partnerin oft weniger attraktiv.

Es ist notwendig, dass die hilflose Tochter oder Partnerin sich aus dieser Situation befreit und sich zu einer wertschätzenden Frau entwickelt. Zeigen sich in der Beziehung Missverständnisse, muss sie lernen, klar zu reden, um verstanden zu werden: »Wie geht es mir, was brauche ich, was brauchst du, wo liegt die Lösung?« Erfährt sie dominierendes Verhalten, muss sie ihre eigene Stimme dagegen erheben, um auf Augenhöhe zu bleiben. Spürt sie Lieblosigkeiten, ist sie aufgerufen, sie nicht wie ein Kind zu erdulden, sondern dem Partner eindeutig zu sagen, dass sie nicht bereit ist, sein Verhalten zu akzeptieren.

Vielleicht hat eine Frau von ihrer Mutter nicht gelernt, sich selbst zu achten und die Wertschätzung anderer einzufordern. Es ist aber nie zu spät, sich und seine weiblichen Bedürfnisse ernstzunehmen. Eine Frau, die Herabsetzungen nicht länger zulässt, kennt nicht nur den eigenen Wert, sie kann auch andere Menschen mehr wertschätzen.

In den Schuhen der Mutter
Wie Töchter ihre Berufung finden

Einfluss und Aufbruch

Eine neue Studie hat ergeben, dass Frauen heutzutage dreimal häufiger im selben Berufsfeld wie ihr Vater arbeiten, als in früheren Generationen. Dass Mütter lange Zeit nicht als berufliche Vorbilder für ihre Töchter dienen konnten, liegt auf der Hand. Es ist aber möglich, dass viele Mütter früherer Generationen, aufgrund ihrer begrenzten Wahlmöglichkeiten, in ihren Töchtern, bewusst oder unbewusst das Bedürfnis geweckt haben, nicht in die gleiche Abhängigkeit geraten zu wollen wie sie und die Töchter deshalb dem Vaterbild folgen.

Zu Beginn ihrer sechsteiligen Dokumentation »Fliegende Geständnisse einer freien Frau« stellt Filmemacherin Jennifer Fox fest, dass sie immer so wie ihr Vater sein wollte, denn in ihren Augen war er frei. Ihre Mutter hatte ihre Musikkarriere wegen der fünf Kinder aufgegeben. Jennifer, die ihre eigene künstlerische Seite immer sehr ernst genommen hat, konnte diese Selbstaufgabe nicht nachvollziehen und empfand ihre Mutter als unfrei und altmodisch. Im Lauf der Dokumentation stellt Jennifer die Selbstbestimmung von Frauen in allen Regionen der Welt in Frage. Gleichzeitig thematisiert sie, wie sie von der wachsenden Sehnsucht nach einem eigenen Kind überrascht wird. Sie rebelliert gegen alle Konventionen und kämpft, hin- und hergerissen zwischen Kinderwunsch und der Angst, ihre Freiheit aufgeben zu müssen. In der Anstrengung, bloß nicht so zu werden wie ihre Mutter, ist sie in Wirklichkeit unfrei.

Freiheit hat demnach nicht notwendigerweise mit Unabhängigkeit oder einer erfolgreichen Karriere zu tun, sondern mit der Stärke der inneren Stimme einer Frau, ihrer eigenen Wahrheit zu folgen.

Freiheit, den eigenen Weg zu gehen

Auch wenn ich, Andrea, als Tochter der heutigen Generation mehr Möglichkeiten zur Selbstentfaltung geboten bekomme als die Generation meiner Mutter, wollte ich trotzdem zu Hause bei meinen Kindern sein. Nach außen hin folge ich dem Pfad meiner Mutter. Ich folge damit meinem eigenen Weg, der dem meiner Mutter gleicht. Über den Einfluss der Mutter-Tochter-Beziehung auf berufliche Rollenverteilungen weiß man heute, dass Töchter sehr wohl die Botschaften und Werte ihrer Mütter wahrnehmen. Sie treten deswegen aber nicht unbedingt in die Fußstapfen ihrer Mütter. Für mich war es wichtig, meinen Kindern das Gefühl zu geben, dass sie die oberste Priorität in meinem Leben haben und nicht nur sekundäre Rollen spielen. Darin ähnele ich meiner Mutter. Mein Entschluss hat nichts mit Selbstaufgabe zu tun, sondern mit einem gewissen Egoismus: ich versuche bei allem, was ich anfange, mit vollem Einsatz dabei zu sein. Zu wissen, dass ich mein Bestes gegeben habe, egal wie es am Ende ausgeht, macht mich glücklich. Die Erfahrungen meiner Kinder miterleben zu dürfen, erfüllt mich. So ist meine Entscheidung mit meiner inneren Überzeugung stimmig, und in ihr gleiche ich meiner Mutter.

Andere Mütter geben ihren Töchtern unbewusst die Botschaft mit auf den Weg, an ihrer Stelle die ungelebten beruflichen Ambitionen zu verfolgen. Dieser Einfluss kann für die Tochter schwierig sein. Sie meint womöglich, dass sie durch das Ausleben der ungelebten Träume der Mutter auch ihre Anerkennung und Liebe bekommt. Typische Sätze wie »Ballett ist prima. Ich habe auch immer so gerne getanzt«, oder »Medizin ist das richtige Studium für dich – ich wollte auch immer Ärztin sein«, nimmt die Tochter besonders dann auf, wenn sie weiß, dass die Mutter ihre Interessen »zum Wohle« der Kinder zurückgestellt hat. Dieser Einfluss tut allerdings beiden nicht gut, denn die Tochter wird dabei zu einer Art Handpuppe der Mutter. Sie kann dann zum Aushängeschild werden, mit dem die Mutter ihr geringes Selbstwertgefühl überdeckt.

Monika und Beate sind Schwestern. Obwohl Monika nur eine mittelmäßige Schülerin war, steckte ihre Mutter ihren ganzen Ehrgeiz in sie, um sie aufs Gymnasium zu schicken. Beate war eigentlich die bessere Schülerin, wurde aber von der Mutter für ihr Wissen nicht sonderlich geachtet. Aufgrund der großen örtlichen Entfernung zur Schule, war die Ausbildung am Gymnasium mit einem Internatsaufenthalt verbunden. Da die finanziellen Mittel knapp waren, konnte nur eine der Töchter die Schule besuchen, und das war Monika. Beate besuchte stattdessen die örtliche Realschule. Nach dem Abitur überlegte Monika, ob sie überhaupt studieren sollte. Sie fand noch andere berufliche Möglichkeiten für sich interessant. Bei diesem Gedanken war ihre Mutter fast außer sich. Sie meinte, von solch einer Chance wie ei-

nem Studium hätte sie früher nur träumen können und ihre Tochter würde diese Chance nicht nutzen.

Monika spürte instinktiv, dass die Mutter enttäuscht wäre, wenn sie sich nicht für ein Studium entscheiden würde. Sie begann zu studieren und es machte ihr auch Spaß. Aber es war ihr jedes Mal unangenehm, wenn die Mutter sie vor anderen Leuten wegen ihres Studiums hervorhob, während sie über den Weg ihrer jüngeren Schwester Beate nichts sagte. Beate arbeitet mittlerweile auf einer Bank. Manchmal beneidet Monika heute ihre jüngere Schwester, weil sie ihren Weg ohne den Druck der Mutter gehen konnte. Der Ehrgeiz der Mutter wirkte sich hauptsächlich bei Monika als Älteste aus. Die Erwartung der Mutter, mehr aus sich machen zu müssen, empfindet sie bis heute als Last.

Mütter und Töchter verfügen oft über ähnliche Talente. Und so ist es nicht überraschend, dass sie sich häufig für ähnliche Berufe interessieren. Der zentrale Unterschied besteht darin, ob die Mutter trotz der von ihr erlebten Beschränkungen mit ihrem Lebensweg zufrieden ist, oder ob die Tochter durch ihr Verhalten versucht, die Mutter im Nachhinein glücklich zu machen.

Erfolg oder Blockade

Carl Gustav Jung sagte einmal, dass die stärkste unbewusste Kraft im Leben von Kindern die unerfüllten Träume ihrer Eltern sind. Für die meisten Frauen der Nachkriegsgeneration waren berufliche Ambitionen durch eingrenzende Bedingungen nicht möglich und aufgrund gesellschaftlicher

Konventionen nicht denkbar. Deshalb blieben viele Träume ungelebt.

Margarete erzählt davon, wie gerne sie früher in der Firma ihres Mannes mitgearbeitet hätte. Sie konnte sich bei ihrem Mann aber damals mit ihrem Wunsch nicht durchsetzen: »Ich habe vor meiner Ehe als Verkäuferin gearbeitet und das sehr gerne getan. Es lag mir, mit Menschen umzugehen und sie für etwas zu begeistern. Mit meiner Heirat hörte ich auf, in meinem Beruf zu arbeiten. Es war damals üblich, dass ein Mann seine Frau unterhält und sie es nicht »nötig« hat, selbst Geld zu verdienen. Ich war auch ganz zufrieden zu Hause und in meiner Mutteraufgabe. Damals waren fast alle Mütter zu Hause und das hat uns Frauen sehr miteinander verbunden. Wenn aber in der Firma meines Mannes eine Angestellte wegen Krankheit ausfiel, »durfte« ich aushelfen. An solchen Tagen fühlte ich eine ungeheure Energie, ich war ganz in meinem Element zu verkaufen und im Kontakt mit so vielen Menschen zu sein. Aber es war mir nicht möglich, meinen Mann davon zu überzeugen, dass ich regelmäßig in der Firma mitarbeiten könne. Er berief sich immer darauf, dass meine Aufgabe zu Hause bei den Kindern sei und die Firma seine Aufgabe sei. Ich wusste aber, dass ich mit meinem Temperament und meinem Organisationstalent einiges in der Firma bewegt hätte. Noch heute denke ich mit einer gewissen Wehmut daran, was ich durch mein Talent hätte einbringen können, was aber nicht gefragt war.«

Eine Frau, die mit ihrem Lebensweg nicht zufrieden ist und das Gefühl hat, sie habe der Kinder wegen ihre Träume aufgegeben, reagiert auf die beruflichen Möglichkeiten der Tochter vielleicht auf eine dieser zwei Varianten: Möglicherweise steigert sie den Erwartungsdruck an ihre Tochter, denn die soll es ja einmal besser haben als sie selbst. Oder sie verspürt Neid auf die vielen Entfaltungsmöglichkeiten der Tochter, die ihr verschlossen waren.

Es ist verständlich, dass eine in dieser Hinsicht enttäuschte Mutter mit zwei konträren Emotionen kämpft. Zwar freut sie sich für ihre Tochter, aber gleichzeitig trauert sie um ihre verlorengegangenen Wünsche. Manche Mütter können sich ihr Neidgefühl nicht eingestehen. Sie versuchen es vielleicht zu tilgen, in dem sie den Beruf der Tochter abwerten. Ihre Kritik kann auch als Sorge verpackt werden: »Nimmst du dir nicht zu viel vor? Ist diese Branche denn wirklich das Richtige für dich? Die ewige Fahrerei ist doch viel zu anstrengend! Bekommt dich deine Familie denn noch zu sehen? Du hast ja gar keine Zeit mehr für mich!«

Solchen, manchmal nur vorgespielten Sorgen, kommt die Tochter aber bewusst oder unbewusst auf die Schliche. Ein unechtes Verhalten der Mutter resultiert meistens in emotionaler Distanz anstatt in Nähe. Vielleicht vergräbt sich die Tochter dann erst recht in Arbeit, um weniger Kontakt zur Mutter zu haben. Die Bedenken der Mutter können dann plötzlich zur Wirklichkeit für die Tochter werden.

Manche Tochter will sich weder der Kritik der Mutter, noch deren offensichtlicher Enttäuschung aussetzen und hält lieber ihre eigene Kraft zurück. Sie fühlt sich dafür schuldig, mehr von ihrem Leben zu wollen als ihre Mutter. Manchmal reduziert sich die Tochter auf den von der Mutter akzeptierten Lebensweg. »Du brauchst doch kein Studium – das hat in unserer Familie niemand gehabt und trotzdem sind wir was geworden«, – ist ein typischer Satz von Müttern, die es ihren Töchtern verwehren, nach etwas Höherem zu streben.

Irene ist die Mittlere von zwei Schwestern und lebt im Gegensatz zu ihnen nicht in einer Familie. Ihr Augenmerk

liegt auf ihrem Beruf, den sie mit großer Begeisterung aus-
übt. Sie hat im Laufe der Jahre mehrere Fortbildungen ge-
macht und aufgrund ihrer Qualifikation nun eine führende
Position angeboten bekommen.

Liebend gerne würde sie diese Position annehmen, aber
auf einmal tauchen Ängste in ihr auf, die sie sich nicht erklä-
ren kann. In einem Gespräch wird klar, dass es nicht die
Angst ist, diese Aufgabe nicht zu schaffen, sondern eine tie-
ferliegende Angst, die sie zuerst nicht benennen kann. Auf
die Frage, ob jemand mit ihrem Aufstieg ein Problem haben
könnte, meint sie: »Am ehesten meine Mutter und meine äl-
teste Schwester.« Von ihnen kamen schon in der Kindheit öf-
ter Sätze wie »Die will noch hoch hinaus!«, Irene hat so ei-
nen Satz nie stärkend empfunden, sie hatte vielmehr das
Gefühl, dass insgeheim Neid dahintersteckte. Auf einmal
verband sie ihre Angst mit dem Satz »Werde ja nicht zu
groß!«. Ihre wirkliche Angst, dass sie mit ihrem Aufstieg an
einen alten Schmerz der Mutter und der Schwester rühren
könnte, die beruflich weniger Möglichkeiten hatten, kam
zum Vorschein. Aus diesem Schmerz könnten auch deren iro-
nische Bemerkungen entstanden sein, die Irene so verletz-
ten.

Die Tochter, die sich selbst blockiert, kann lernen, dass sie
nicht für das Leben ihrer Mutter verantwortlich ist. Sie hat
ein Recht auf ihre eigene berufliche Verwirklichung, auch
wenn die Mutter sie nicht hatte. Jede Frau hat ihren Talenten
gegenüber eine Verantwortung. Die Ärtztin Christiane
Northrup sagt dazu: »Wer sein eigenes Licht verdunkelt, damit das Licht eines anderen heller zu leuchten scheint, der
verdunkelt die ganze Welt.«

Deshalb ist es für den Lebensweg der Tochter so wichtig,
was eine Mutter ihr über ihr Muttersein, über ihre Möglich-

keiten und ihre Begrenzungen als Frau vermittelt. Bleibt sie im Groll verhaftet, gibt sie sich selbst kein Licht, und der Tochter düstere Aussichten. Sie kann der Tochter aber auch ein Beispiel geben, dass ihr Wert als Frau nicht von der Berufstätigkeit oder vom Muttersein abhängt, sondern dass es für sie bedeutend ist, wie sie ihre Persönlichkeit entwickelt. Denn ohne im gesellschaftlichen Sinn »erfolgreich« zu sein, haben trotzdem unzählige Frauen früherer Generationen ein »erfolgreiches« Leben geführt. Sie haben ihr Muttersein vielleicht nicht gewählt, sich aber darauf eingelassen und oftmals ihre Berufung darin gefunden. Sie haben sich mit Grenzen arrangiert und trotzdem vollen Einsatz gezeigt. Sie haben vielleicht nicht ihre große Liebe gefunden, aber trotzdem zum Gelingen von Gemeinschaft beigetragen.

Jede Generation hat ihre eigenen Möglichkeiten und ihre eigenen Grenzen, auch die Generation der Töchter. Es zeigt sich gerade im Umgang mit diesen Grenzen, was eine Frau aus ihrer Persönlichkeit macht. Die eine gibt anderen dafür die Schuld und bleibt in dieser Abhängigkeit hängen. Eine andere will die Grenzen erweitern und entwickelt dafür ungeahnte Fähigkeiten. Eine Dritte kann bereit sein, die Gegebenheiten anzunehmen und darin ihre innere Größe entwickeln.

Es erleichtert jede Tochter, wenn ihre Mutter den eigenen Lebensweg nicht aus dem Blick des Mangels betrachtet, sondern ihr bei aller Einschränkung vermitteln kann: »Ich habe das Beste daraus gemacht!« Dieses Einverstandensein gibt der Tochter eine wichtige Orientierung für ihr eigenes Leben. Auch die Tochter kann der Mutter etwas geben, wenn sie deren Lebensweg nicht nur kritisiert, sondern ihn als individuelles und erfülltes Leben achtet.

Ich bin ich – lass mich sein!

Die pubertierende Tochter als Hilfe zur Selbstreflexion

Während die Kleinkindzeit eine körperliche Belastung für die Mutter bedeutet, ist die Pubertätsphase der Tochter eine enorme psychologische Kraftanstrengung.

Häufig fällt diese wichtige Entwicklungsstufe der Tochter in die Zeit in der die fruchtbaren Jahre der Mutter enden. Während die Tochter ihr Frausein langsam entdeckt und die zunehmende Aufmerksamkeit des männlichen Geschlechts wahrnimmt, merkt die Mutter, dass die Phase, in der sie sich über ihre Attraktivität, Weiblichkeit und Fruchtbarkeit definiert hat, einer neuen Phase weichen muss. Besonders in der heutigen Zeit, in der Jugendlichkeit gesellschaftlich hoch gepriesen wird, während Altern fast als Schwäche angesehen wird, erzeugt diese Erkenntnis in vielen Frauen Wehmut. Gleichzeitig sind sie oftmals müde von ihrer Mutterrolle und sehnen sich nach weniger Gebundenheit und einer neuen Lebensphase. Und ausgerechnet in diese Zeitspanne fallen nun die enormen hormonellen Schwingungen der Tochter: Stimmungsschwankungen, Besserwisserei, risikoreiches Verhalten mit gleichzeitiger Ignoranz gegenüber möglicher Konsequenzen und der erste Freund.

Aus Sicht der jugendlichen Tochter ist diese Phase ihres Lebens unglaublich aufregend und gleichzeitig kompliziert. Sie merkt, wie sie zur Frau wird und Gefühle entwickelt. Ihre Interessengebiete weiten sich, sozialer Idealismus und eine gewisse Form der Spiritualität sind in dieser Zeit besonders intensiv. Horoskope und Handlinien werden auf einmal gedeutet, erste politische Meinungen werden gebildet. Die jugendliche Tochter wird sich langsam ihrer Position und Verantwortung in der Gesellschaft bewusst. Gleichzeitig bemerkt sie ihre wachsende Attraktivität für das andere Geschlecht. Liebesfrust oder Ausschluss aus einer Clique können für Mädchen in dieser Lebensphase niederschmetternd sein, sind aber leider nicht selten. So tragen diese Mädchen oft, fest in sich verschlossen, viele komplexe Gefühle mit sich herum. Obwohl sie mit ihren Freundinnen überschwänglich albern sein können, ziehen sie sich emotional häufig auch zurück und sind phasenweise sehr empfindlich und verletzbar.

Johanna versuchte die beginnende Pubertät ihrer zwölfjährigen Tochter erst einmal zu verdrängen. »Ich habe zwar optisch die ersten Veränderungen an ihr wahrgenommen, aber sonst wollte ich von dieser Phase noch gar nichts wissen. Es machte mich fast wehmütig daran zu denken, dass sie bald kein Kind mehr sein wird. Aus diesem Gedanken heraus habe ich versucht, sie eher noch klein zu halten. Doch dann maulte sie plötzlich vor einem Familienausflug herum, dass sie nicht mitgehen wolle. Sie wollte lieber allein zu Hause bleiben, doch das wollten mein Mann und ich nicht. So gab es Diskussionen und am Ende Geschrei und Tränen. Auf eine unkomplizierte Bemerkung von mir während eines Abendessens reagierte sie so empfindlich, dass sie plötzlich aufstand, ihren Mantel nahm und aus der Wohnung lief. Und ich lief hinterher. Ich machte mir natürlich Sorgen, wo sie in der abendlichen Dunkelheit denn überhaupt hingehen wollte. Außerdem wollte ich von ihr wissen, was ich scheinbar Falsches gesagt hätte. Wir hatten fast jeden Tag Machtkämpfe um Kleinigkeiten, die sonst selbstverständlich wa-

ren. Und es ärgerte mich jedes Mal, wenn sie etwas von mir haben wollte und mich dazu ausgerechnet vor ihren Freundinnen fragte. Sie wusste genau, dass ich dann weniger abwehrend reagieren würde. Ich hatte eine diffuse Angst in mir, sie zu verlieren. Immer öfter habe ich sie auch dabei ertappt, dass sie mich anlog. Das kränkte mich am allermeisten. Aber je mehr Kontrolle ich über sie haben wollte, desto mehr wich sie mir aus. Unser Verhältnis war sehr angespannt in dieser Zeit, aber während eines Streits rüttelte ein Satz meiner Tochter etwas in mir auf. Sie fragte mich herausfordernd: »Bist du meine Freundin oder meine Feindin?« Ich stand erstmal hilflos vor dieser Frage, aber dann konnte ich ihr ruhig sagen, dass ich nicht ihre Feindin sei, dass ich aber gerne wissen würde, wie es ihr denn ginge. Diese Frage löste überraschenderweise auch bei ihr etwas aus. Beide haben wir in diesem Moment die Veränderung unserer Beziehungsebene gespürt.«

Die Jugendberaterin Kristin Hiemstra stellt drei wesentliche Konfliktpunkte zwischen einer Mutter und ihrer jugendlichen Tochter in den Vordergrund.

Unabhängigkeit ist hierbei das erste Schlüsselwort. Die jugendliche Tochter will nichts lieber als unabhängig sein. Sobald sie jedoch mit ihren Handlungen erfolglos ist, braucht sie wieder ihre Mutter, um ihr beim Wiedergutmachen zu helfen oder sie sogar mitverantwortlich zu machen. Fehler und Schuld wollen Jugendliche soweit wie möglich von sich fern halten. Ihr Selbstwertgefühl ist in dieser Phase meistens nicht gefestigt genug, um sich ihre Fehler und Schwächen einzugestehen. Die Mutter bietet den idealen Prellbock und Empfänger aller Schuldzuweisungen.

Die Tochter verschläft beispielsweise ihren Weckalarm. Würde die Mutter nun hereinkommen und sie wecken, bekäme diese mit Sicherheit von der Tochter zu hören, dass sie doch von selber aufstehen kann. Käme die Mutter aber nicht ins Zimmer, würde die Tochter sie anmeckern, sie hätte sie doch wirklich wecken können.

Viele Mütter haben in dieser Phase das Gefühl, es ihren Töchtern nie recht machen zu können. So schwer es oft fällt – in dieser Zeit haben Mütter zu lernen, die Rolle des Prellbocks nicht persönlich zu nehmen. Für die pubertierende Tochter ist es ein Zeichen des Vertrauens auf die bedingungslose Liebe der Mutter, die sie dazu veranlasst, ihre Mutter für verschiedenste Kleinigkeiten zu beschuldigen. Eine Mutter kann sich bei allem Schwierigen auch darüber freuen, dass ihre Tochter so viel Stärke, so viel Mut und Vertrauen hat, sich überhaupt gegen sie aufzulehnen. Es ist schließlich die Mutter selbst, die der Tochter den Weg geebnet hat, ihre Kraft zu zeigen. Wie viele Frauen haben das in ihrer Pubertät den Eltern gegenüber nie gewagt, weil der Mut und das Vertrauen gefehlt haben?

Als Antwort auf die Anschuldigungen der Tochter kann die Mutter ihr ein Vorbild sein, indem sie sich ihre eigenen Fehler und Schwächen offen eingesteht. Wird sie auf der Straße von einem anderen Autofahrer angehupt, kann sie beispielsweise zugeben: »Ja, da habe ich mich gerade blöd angestellt, der andere Fahrer hat absolut recht.« Je offener und humorvoller die Mutter mit ihren Mängeln umgeht, desto leichter wird es für ihre Tochter sein, sich ihre Fehler einzugestehen.

Oftmals sind Mutter und Tochter in Situationen gefangen, in denen ihre Kommunikation keinen humorvollen, sondern eher einen passiv-aggressiven Unterton erhält.

Dieser Tonfall ist laut Hiemstra der zweite Brennpunkt zwischen Mutter und Tochter. Viele Mütter klagen über die respektlose Art und Weise der Tochter mit ihnen zu reden.

Manche Mütter hören dann gar nicht mehr, was die Tochter überhaupt sagt, sie hören nur den aggressiven Ton und gehen über zu Abwehr oder Angriff. Die Töchter aber meinen diesen Ton zu brauchen, um von der Mutter überhaupt gehört und ernstgenommen zu werden. Die Missverständnisse häufen sich. Mutter und Tochter haben hier beide die gleiche Aufgabe: sich auf einer reiferen Stufe zu begegnen – aber es ist die Mutter, die ihre Tochter dahin führen muss. Die Tochter braucht von ihrer Mutter ein Bild, wie sie sich in Beziehungen als erwachsene Frau respektvoll verhalten kann. Die Mutter kann ihr eine Brücke bauen, indem sie ihr deutlich sagt, wie es ihr geht und was sie gerade fühlt. Nur so hat die Tochter die Möglichkeit, ihre Mutter wirklich zu spüren und ihre Gefühle zu verstehen. Sie wird sich von der Mutter ernstgenommen fühlen, wenn diese ihr Fragen stellt und ihr zuhört.

Susanne möchte mit ihrer pubertierenden Tochter gerne so souverän umgehen, wenn sie miteinander streiten. Aber jedes Mal, wenn ihre Tochter sie angreift, gerät sie in einen Strudel von Wut und Verletztheit, aus dem heraus sie ihre Tochter anschreit und ihr alles Mögliche an den Kopf wirft. Hinterher tut es ihr immer sehr Leid und sie würde ihr Verhalten gerne verändern.

Eine Mutter ist genauso im Wachstum wie ihre Tochter und dazu kann sie auch stehen. Sie kann ihr in einer ruhigen Stunde durchaus sagen, dass sie mit ihrem eigenen Verhalten auch nicht immer zufrieden ist. Damit sie aus ihrem Gefühlsstrudel herausfindet, kann sie ihre Tochter darum bitten, ihr in so einer Situation ein starkes Gegenüber zu sein, das sich traut ihr zu sagen: »Mama, es reicht. Ich mag das nicht!«

Beide sind respektvoll, wenn sie sich nicht angreifen, sondern bei sich und ihren Empfindungen bleiben, und sich diese auch mitteilen. Eine Mutter, die ihre Tochter leitet, schaut im Konflikt auch auf die Lösung: »Was brauchst du jetzt in dieser Situation und was brauche ich und wo treffen wir uns?«

Der letzte große Reibungsfaktor sind die unterschiedlichen Wertvorstellungen von Mutter und pubertierender Tochter und die daraus resultierenden Prioritäten. Mit ihrer Lebenserfahrung hat die Mutter meistens das Gefühl, im Recht zu sein. Die Tochter will jedoch ihre Unabhängigkeit und Entscheidungsfähigkeit um jeden Preis durchsetzen. Dabei kommt es über kurz oder lang zu Machtkämpfen. Die Tochter will sich dadurch distanzieren, die Mutter will die Kontrolle über das Leben ihrer Tochter jedoch noch nicht aufgeben.

Nach jahrelanger Zusammenarbeit mit Jugendlichen stellt Kristin Hiemstra fest: »Ob Sie es hören wollen oder nicht, Sie können ihre Tochter nicht dazu zwingen, das zu tun, was sie wollen. Ihre Tochter hat am Ende die Macht. Deshalb müssen Sie sich eher fragen: ›unter welchen Umständen würde meine Tochter ihr Verhalten positiv verändern und wie kann ich diese Umstände beeinflussen?‹ Beginnt sie beispielsweise zu rauchen, werden Sie mit Sicherheit viel Energie verschwenden, wenn Sie sie zu überzeugen versuchen, dass Rauchen gesundheitsschädigend ist. Jugendliche sind schließlich nicht auf den Kopf gefallen, das heißt, dieser Tatsache sind sie sich auf jeden Fall bewusst. Hat ihre Tochter aber ein Hobby, bei dem Rauchen eher unvorteilhaft ist, wie gewisse Sportarten, dann haben Sie vielleicht Glück, indem Sie dieses Hobby stark unterstützen anstatt das Rauchen zum Thema zu machen.«

Jugendliche brauchen das Gefühl von Selbstverantwortung und rebellieren gegen jede Art von Bevormundung. Sie sind dabei auch besonders sensibel gegenüber unechten Argumenten und Scheinheiligkeit.

Die 16-jährige Anita war eine gute Schülerin und seit Längerem mit ihrem 18-jährigen Freund liiert. Nachmittags trafen sie sich häufig bei ihm zu Hause. Anitas Mutter wollte, dass sie pünktlich um sechs Uhr heimkommen sollte mit dem Argument, dass ihr Freund dann ja mit seiner Familie Abendessen würde. Anita aber kam regelmäßig eine halbe Stunde zu spät nach Hause. Da ihr Freund nicht mit seinen Eltern zu Abend aß, hatte das Argument der Mutter für sie kein großes Gewicht und so schien es ihr nicht wichtig, diese Uhrzeit peinlich genau einzuhalten.

Anita spürte aber auch, dass ihrer Mutter das Abendessen ihres Freundes im Grunde nicht wirklich wichtig war. Wahrscheinlich war er einfach nicht der Typ Freund, den sich die Mutter für ihre Tochter gewünscht hatte und sie versuchte deshalb Einfluss darauf zu nehmen, wie viel Zeit das Paar miteinander verbrachte. Außerdem spürte die Tochter, dass ihre neu gewonnene Sexualität mit zum unausgesprochenen Konfliktpunkt geworden war.

Das aufblühende Sexualleben der Tochter ist ein weiterer Bereich in dem die Vorstellungen zwischen Mutter und Tochter auseinanderdriften. Bei kaum einem anderen Thema ist es so schwierig, eine für beide Seiten stimmige Balance zu finden: Zwischen der Privatsphäre der Tochter und der ihrer Eltern, zwischen schützender Unterstützung und Eigenverantwortung. Die Tochter ist kein Kind mehr aber auch noch nicht erwachsen. Das macht die Elternrolle zu diesem Zeitpunkt besonders kompliziert.

Jede Mutter wünscht ihrer Tochter einen Freund, der gut

zu ihr ist, und mit dem sie ihre ersten Erfahrungen leben kann. Da Sexualität aber nicht nur Spiel ist, sondern Konsequenzen haben kann, muss die Tochter hier in besonderem Maß Verantwortung übernehmen. Mütter ertappen sich beim Thema Sexualität dabei, dass sie zwar einerseits jahrelang versucht haben, die Tochter in ihrer Weiblichkeit zu stärken; gleichzeitig müssen sie erkennen, dass sich die Tochter ihrer Verletzbarkeit auf diesem Gebiet noch gar nicht bewusst ist.

So lange jugendliche Töchter aufgeklärt sind und ihnen der Weg zum Frauenarzt nicht erschwert wird, wollen sich die meisten von ihnen vor einer Schwangerschaft schützen. Hat die Tochter aber das Gefühl, sie könne ihre Sexualität besonders gegenüber der Mutter nicht offen vertreten, traut sie sich womöglich nicht, zum Gynäkologen zu gehen. Eine Studie bestätigt dieses Verhalten: Mütter, die mit ihrem eigenen Verhalten und einer engen emotionalen Verbindung zu ihren Töchtern eine Vorbildfunktion einnahmen, übertrugen dieses Verhalten auf ihre Töchter. Diese trafen dann verantwortungsvolle Entscheidungen bezüglich ihrer Sexualität.

Jugendliche Mädchen, die abwertende, zurückweisende und teilnahmslose Muttererfahrungen gemacht hatten, gaben zu, ungeschützten Sex mit ihren Freunden zu haben.

Als Mütter müssen wir uns damit abfinden, dass unsere Töchter ihre Sexualität leben. Die Frage ist, ob wir sie mit einer verantwortungsvollen Haltung unterstützen wollen, oder mit unserer Kritik erreichen wollen, dass sie ihre Sexualität unter weniger geschützten Umständen leben.

Wenn der Freund der Tochter zum ersten Mal bei ihr übernachten will, gerät die Mutter fast immer in einen Konflikt. Einerseits will sie tolerant sein und denkt sich, dass es auch besser ist, wenn sie weiß, wo die beiden sind. Aber dann geht sie morgens im Nachthemd über den Flur und begegnet dem Freund ihrer Tochter; dann will sie eigentlich nichts lieber als ihre Privatsphäre. Steht sie zu dieser Grenze, wird die Tochter ihr vorwerfen, wie altmodisch und spießig sie sei. Vermutlich wird sie noch hinzufügen, dass die Eltern ihres Freundes viel toleranter seien.

Eine Mutter hat das Recht, ganz nach ihrem eigenen Gefühl zu handeln und dafür einzustehen. Für die Tochter bedeutet dies eine klare Richtung für ihren Weg zum Erwachsensein. Viele Töchter wollen zwar durch ihre Sexualität zeigen, dass sie erwachsen sind; gleichzeitig aber wollen sie auch noch alles Angenehme von der Mutter dazuhaben und vielleicht doch lieber nur halb erwachsen werden.

Die neuen körperlichen Rundungen der Tochter können Anlass für allerhand Kritik vonseiten der Mutter sein. Die Medizinerin Suzanne Koven erklärt, dass das Thema Gewicht zwischen Mutter und Tochter oft nur ein Scheinthema ist, hinter dem die eigentlichen Gefühle von Sorgen, Kontrolle und Rebellion stehen. Die Mutter wird mit einem kurzen Blick auf ihre Tochter vielleicht ein paar Kilos mehr erkennen; eigentlich aber will sie nur wissen, ob es ihrer Tochter gut geht. Die Tochter wiederum sieht den prüfenden Blick ihrer Mutter und fragt sich, ob sie von ihr geliebt wird, egal wie ihr Körper aussieht.

Sorgen, Kontrolle und Rebellion spielen auch bei Essstörungen eine zentrale Rolle. Bei der Magersucht beispielsweise, will die Mutter ihre Tochter, die jegliche Nahrung verweigert, zum Essen bewegen. Dadurch fühlt sie sich kontrolliert und kontert mit noch stärkerem Nahrungsentzug, das ist ihre Form der Rebellion. Hierin spielt sich häufig ein klassischer Machtkampf zwischen Mutter und Tochter ab.

Bei der Bulimie stopft die Tochter Nahrung über alle Maßen in sich hinein und ist dann so von ihrem eigenen Verhalten angeekelt, dass sie alles wieder erbricht. Es ist fast, als müsste sie ein Vakuum von Versorgt- und Geliebtsein mit Nahrung füllen. Sie ist dann aber so über ihren Mangel an Kontrolle entsetzt, dass sie sich selbst bestraft und alle Nahrung wieder loswerden will.

Egal welche Essstörung in der Pubertät zum Vorschein kommt, Studien haben belegt, dass Mütter, die mit ihrem Körper selbst nicht zufrieden sind und gleichzeitig unter einem geringen Gefühl von Autonomie leiden, häufiger essgestörte Töchter haben. Vielleicht liegt der Fokus der Mutter noch zu sehr auf dem Ernähren der Tochter, anstatt dem Nähren ihrer eigenen Seele, dann sind beide in einer alten Phase steckengeblieben. Es mag auch sein, dass die Mutter ihre eigenen Konflikte mit ihrem Körper durch die Krankheit der Tochter auslebt. Eine Mutter, die selbst gerne isst, aber ständig Diäten macht, kann einer magersüchtigen Tochter zwar raten, sie solle doch endlich etwas essen. Da sie sich das Essen aber selbst versagt, genießt sie es lediglich, andere versorgen zu können, die dann das genussvolle Essen an ihrer Stelle übernehmen. Dagegen wehrt sich die essgestörte Tochter unbewusst, da sie erkennt, dass die Mutter selbst in Konflikt zu ihrem Essverhalten steht.

Anstatt Einfluss auf den anderen nehmen zu wollen und Kontrolle auszuüben, müssen sich beide besinnen, für welche Werte sie selbst einstehen und versuchen, bei sich zu bleiben. Mütter müssen ihre eigenen Wunden heilen, bevor sie versuchen wollen die Wunden ihrer Töchter zu heilen. Manchmal hilft dabei räumliche Distanz, um aus dem Kreislauf von Kritik, Sorgen und Rebellion auszubrechen. In fortgeschrittenen Fällen hilft nur ärztliche und psychologische Betreuung.

Viele Mütter empfinden die Pubertät als anstrengend, weil ihre Töchter ständig hin und her- schwanken zwischen

Abstoßen und Anlehnen. Die Mütter sollen dann genau das anbieten, was ihre Töchter gerade brauchen. Dabei können selbst die einfühlsamsten Mütter aus dem Gleichgewicht kommen, weil sie nie wissen, was in diesem Moment gefragt ist. Trotzdem ist für eine Mutter die Pubertät ihrer Tochter ein enorm wichtiger Prozess. Sie wird sich selbst noch einmal von einer ganz anderen Seite kennenlernen: Die pubertierende Tochter hält der Mutter überdeutlich den Spiegel vor, und was die Mutter darin sieht, erschreckt sie häufig: »So bin ich doch gar nicht! Und wie meine eigene Mutter schon überhaupt nicht!« Aber genau das wird die Mutter finden und sich mit den Seiten vertraut machen müssen, die sie bisher einfach nicht wahrhaben wollte. Alle Schattenseiten werden ihr gezeigt und es kann erleichternd sein, sie endlich durch den Blick ihrer Tochter ans Licht zu bringen. Auch wenn manche Frau in dieser Zeit schon »muttermüde« ist, kann die Tochter eine Wahrheit aus ihr herausholen, die auch für die Mutter eine Quelle neuer Kraft werden kann.

Mit der Pubertät der Tochter dürfen Mutter und Tochter ihre Unterschiede erkennen und leben lernen. Die Pubertät der Tochter ist eine Chance für die Mutter, ihre eigenen Werte erneut zu hinterfragen und vielleicht zu relativieren. Nur weil die Tochter jünger ist, bedeutet das nicht, dass nur die Tochter von der Mutter lernen kann, sondern auch umgekehrt. Gleichzeitig kann die Mutter, als weise Frau, die Kritik der Tochter bei dieser lassen. Die Tochter taumelt mit ihrer Jugendlichkeit noch in einem Idealismus, in dem alles möglich scheint, wenn man nur genug Einsatz zeigt. Erst im Laufe der Jahre wird sie von ihrem Ross steigen und erkennen, dass die Mutter eine Frau ist, der nicht alles möglich war – spätestens, wenn sie vielleicht selbst zur Mutter wird.

Wenn die Tochter selbst Mutter wird

Sich verbinden und sich lösen

Wird eine Frau zur Mutter, dann bringt sie nicht nur neues Leben zur Welt, sie bringt auch etwas Neues in ihre Beziehung zu ihrer Mutter. Mutter zu werden bedeutet nicht zwingend, ein Kind zu gebären, sondern kann auch für das Einschlagen eines neuen Wegs stehen. Die Tochter wandelt sich in eine neue Reifestufe ihres Frauseins und fordert so auch die Mutter heraus, sich zu wandeln. Das ist für die Mutter der Aufruf, zur weisen Frau zu werden.

Eine weise Frau weiß vieles, drängt ihr Wissen aber niemandem auf. Sie gibt es gerne weiter, wenn sie danach gefragt wird. Ihre Klugheit sagt ihr, wann sie mit ihrer gesammelten Lebenserfahrung lieber eine zurückhaltende Rolle einnehmen soll und wann sie ihr Wissen weitergeben kann. Vor allem die Tochter braucht von ihr nicht die Rolle der Besserwissenden, weil sie sich neben einer belehrenden Mutter klein und unzulänglich fühlt. Sie wird darauf mit Aggression antworten oder sich zurückziehen. Sie braucht die weise Frau, die nicht vergessen hat, wie es ihr selbst als junger Frau ergangen ist. Sie weiß noch, wann sie die Erfahrungen der eigenen Mutter als wohltuend empfunden hat und wann sie ihr lästig waren.

Wenn die Tochter ein Kind bekommt, nehmen viele Mütter den Entwicklungsschritt zur Großmutter mit Freuden an. Sie spüren das neue Leben nicht nur durch das Kind ihrer Tochter, sie spüren es auch in sich. Viele Großmütter blühen auf, sie fühlen sich aktiver und lebendiger als zuvor. Das Gefühl und die Hoffnung, gebraucht zu werden, beflügeln sie. Sie geben ihrem Leben einen neuen Sinn. Andere dagegen verbinden mit dem Gefühl, Großmutter zu werden, erst einmal die Vorstellung davon, dass sie jetzt alt werden und sind erschrocken. Sie fragen sich: »Bin ich schon bereit, »Oma« zu sein? Was wird da von mir erwartet?« Viele Frauen freuen sich auf eine Phase, in der sie als Mutter nicht mehr so viel Verantwortung tragen müssen und weniger Pflichten in der Familie haben. Irgendwann sind sie satt vom Muttersein und wollen sich endlich wieder anderen Seiten zuwenden. Bekommt in dieser Phase die Tochter ein Kind, kann das manche Mutter zurückwerfen und ihr das Gefühl geben, sie müsse wieder für andere da sein und Erwartungen erfüllen. Einige Frauen fühlen sich von dieser Vorstellung zunächst eingeengt. Sie brauchen Zeit, sich für ihre eigene Veränderung zu öffnen, für die neue Aufgabe als Großmutter.

Ähnlich ist die Erfahrung auch für Mütter, deren Töchter sich in einer anderen Form von der ehemaligen Tochterrolle distanzieren und zu einer eigenständigen Frau werden. Die Rolle der Mutter muss auch hier einen neuen Ausdruck finden, der jedoch weniger eindeutig ist, als die neugewonnene Identität einer Großmutter.

Sigrid hat vor sechs Jahren das Schreibwarengeschäft ihrer Mutter übernommen. Ihre Mutter hatte es nach dem Tod ihres Mannes weitergeführt und viel Herzblut in diesen Laden gesteckt, auch im Andenken an ihren Mann. Nach einer schweren Krankheit bat sie Sigrid, den Laden zu übernehmen. Sigrid war von Kind auf damit vertraut und willigte ein. Doch nachdem sie mit ihrem zweiten Kind schwanger wurde, war sie nicht mehr mit ganzem Herzen dabei. Ihre

Mutter versorgte tagsüber ihre zweijährige Tochter und machte das großartig, aber Sigrid wollte in Zukunft am liebsten selbst bei ihren Kindern sein. Nach langem Zögern und so manchen Schuldgefühlen sagte sie eines Tages der Mutter, dass sie den Laden nicht weiterführen wolle. Ihre Zeit sei jetzt bei den Kindern und die wolle sie nutzen. Auch wenn die Mutter nach dem ersten Schock Verständnis zeigte, war sie doch im Innersten gekränkt. Es war immerhin ihr Erbe, verbunden mit dem Andenken an Sigrids Vater. Sie hatte sich erhofft, dass dieses Geschäft weitergetragen würde. Zudem sah sie sich als Großmutter nicht mehr in dem Maße gebraucht wie bisher, obwohl sie in dieser Aufgabe aufging. Gleichzeitig musste sie sich auch eingestehen, eine Angst gespürt zu haben, dass ihr die Betreuung von zwei Kindern zu viel werden könnte. Durch den Schritt ihrer Tochter wurde ihr zunehmend klar, welch neue Möglichkeiten auch ihr dadurch offenstanden. Sie war Sigrid auf einmal sehr dankbar, denn aus sich heraus hätte sie kaum den Weg dahin gefunden.

Die Tochter bestimmt den Zeitpunkt, wann sie ein Kind bekommen will. Das kann für die Mutter sehr schwer sein, wenn die Tochter noch minderjährig ist oder in schwierigen Verhältnissen lebt. Doch auch in solchen Situationen gilt eine tiefere Weisheit: Kinder suchen sich ihren Reifungsweg selbst und mag er noch so steinig sein.

Ein Kind zu bekommen ist für die Tochter auch immer verbunden mit der Abnabelung von der eigenen Mutter. Die Tochter spürt nun die Kraft, selbst zu gebären und ist bereit, ihren eigenen Mutterinstinkten zu vertrauen. Damit drückt sie eine neue Stärke aus. Mit ihrer eigenen Mutterschaft zeigt sie, dass sie genug Nahrung von ihrer Mutter aufgenommen hat, um nun ein Kind und sich selbst ernähren zu können. Diese Stärke will sie der Mutter zeigen. Deswegen sucht sie trotz Abnabelung auch gleichzeitig die Verbindung zu ihr, als neu gereifte Frau, auf einer gleichwertigen Ebene.

Die Tochter mag zwar anfangs in ihrer Mutteraufgabe noch unsicher, manchmal auch überfordert sein und sehnt sich vielleicht im Stillen wieder nach Bemutterung. Aber sie steht auch für sich und bestimmt über den Umgang mit ihrem Kind, auch wenn dieser nicht den Vorstellungen ihrer Mutter entspricht Das ist die Herausforderung an die Mutter, die Tochter in dieser Eigenständigkeit neu zu sehen und gewähren zu lassen.

Auch die Mutter ist gefordert, sich neu zu sehen. Denn für sie kann hier die Phase der weisen Frau beginnen, in die sie als Großmutter hineinwachsen soll. Diese Haltung ist wichtig, wenn sie zu ihrer Tochter eine gute Beziehung pflegen will. Und sie ist genauso wichtig für sie selbst. Denn zur weisen Frau zu werden, stärkt ihre Persönlichkeit und bereichert ihr Frausein.

Eine Frau muss keineswegs eine leibliche Großmutter sein, um eine weise Frau zu werden. Auch als kinderfreie Frau ist sie herausgefordert, diesen Reifeschritt für sich und die Gemeinschaft zu vollziehen. Denn eine weise Frau strahlt eine besondere Kraft von Liebe und Großherzigkeit aus, die für jeden Menschen stärkend und bereichernd ist.

Regina ist eine dieser weisen Frauen. Sie ist 74 Jahre alt und lebt in einer Kleinstadt in den Bergen. In ihrer kleinen Wohnung finden sich interessante Gegenstände aus den Ländern, in denen sie früher gelebt hat. Sie ist erst vor einigen Jahren nach Deutschland zurückgekommen, um im Alter sesshaft zu werden. Eine feste Partnerschaft oder Kinder gehörten nicht zu ihrem Lebensweg, sie ist eine Künstlerin, die in unterschiedlichen Beziehungen zu Männern viel über sich selbst, Frausein und Mannsein erfahren hat. Mit ihrer kontaktfreudigen und direkten Art gewinnt sie Menschen schnell für sich, aber von ihr geht vor allem eine geistige Weite und spirituelle Kraft aus, die andere bei ihr suchen. Sie hat über die Widrigkeiten ihres Lebens die Gabe entwickelt, alles Enge in einen weiteren Blick zu führen und der ist geprägt von dem Gedanken, die Liebe dahinter zu erkennen. Sie ist zur »großen« Mutter für die Menschen in ihrem Umkreis geworden.

Kindheitsreflexionen

Als ich, Andrea, meine älteste Tochter eines Tages zum ersten Mal »Mama« sagen hörte, wurde mir so richtig bewusst, dass sie mich genauso als Mutter wahrnimmt, wie ich meine Mutter. Alles, was ich in meinem Leben machen werde, wird ihr als Leitbild dienen. Sie wird später meine Schwächen kritisieren und sich vornehmen, eine noch bessere Mutter zu sein. Vielleicht entscheidet sie sich auch ganz gegen das Muttersein. Die Art und Weise wie ich Beziehung lebe, wird sie in ihrer Partnerschaft beeinflussen. Und doch wird sie vieles anders gestalten, wie ich auch vieles anders als meine Mutter gestaltet habe. In meinem Fall musste ich meine Werte und Vorstellungen besonders gründlich unter die Lupe nehmen, denn das bringt eine internationale Beziehung mit sich. Ich hätte oft sogar gerne mein Muttersein ähnlicher dem meiner Mutter gestaltet und habe lange darüber getrauert, dass dies aus kulturellen Gründen nicht möglich war. Ich hatte oft das Gefühl, keinen Leitfaden für mein Muttersein zu haben – ich war mit den Werten meiner Mutter aufgewachsen, aber alle Variablen um mich herum hatten sich verändert.

Irgendwann entschied ich, dass meine Traurigkeit über die unterschiedliche Lebensweise weniger wichtig war als die großartige Chance, mich in meiner eigenen Art, Mutter zu sein, neu erfinden zu dürfen. Als Ausländerin wurden keine gesellschaftlichen Erwartungen an mich gestellt, als Deutsche lebte ich im Ausland, die deutschen Maßstäbe galten also auch nicht. Als mir diese Wirklichkeit bewusst wurde, empfand ich meine Situation plötzlich als ausgesprochen befreiend und absolut passend für meine Person. Die diversen deutschen Traditionen, die ich beispielsweise weiterführe, sind demnach ganz mit meinen persönlichen Werten stimmig, weil ich sie wahrhaftig wertschätze. Bei anderen musste ich mir ehrlich eingestehen, dass sie nicht wirklich genügend Bedeutung für mich haben.

Die räumliche Distanz zu meinen Wurzeln hat mir diese Neudefinition meiner eigenen Person auf jeden Fall erleichtert. Und gleichzeitig gibt es diesen konstanten inneren Kern, der meiner Mutter einfach ähnlich ist, egal unter welchen äußeren Umständen ich mich befinde. Auch wenn ich mit anderen Problemem kämpfe und kein Leitbild für meinen individuellen Weg habe, spüre ich immer die positive Kraft in mir, die sich nach vorne ins Unbekannte wagt – die Kraft meiner Mutter und meiner Großmutter. Trotz unterschiedlicher Rahmenbedingungen ziehen wir alle am selben Strang in die gleiche Richtung.

Wenn eine Tochter ein Kind bekommt, versteht sie die Rolle ihrer Eltern und den Hintergrund ihrer Kindheit auf eine neue Art und Weise. Manche Entscheidungen erschließen sich erst jetzt in ihrem Sinn, andere reißen erneut Wunden auf. Die eigene Kindheit wird immer im Vergleich stehen zu der Kindheit, die die Tochter ihren eigenen Kindern geben will. Während die positiven Erinnerungen zum Leitfaden für die eigene Mutterschaft werden, scheinen die negativen Erinnerungen erst jetzt so richtig weh zu tun. Falls beispielsweise eine Mutter nie Zeit oder Lust hatte zu kuscheln, wird das Kind diese Gegebenheit hinnehmen. Beim späteren Schmusen mit den eigenen Kindern, wird die Sehnsucht und Enttäuschung dieser Frau über ihre Kindheitsjahre wieder erwachen. Plötzlich kann sie nicht mehr verstehen, warum ihr diese Zuneigung verweigert wurde.

»Wenn ich an meine Kindheit zurückdenke, gibt es kaum eine Erinnerung an zärtliche Berührungen durch meine Eltern. Das hat es zwar sicher gegeben, als ich ein Baby oder Kleinkind war, denn auch Fotos zeugen davon, dass diese Art von Nähe ganz natürlich ausgedrückt wurde. Aber ab dem Alter von etwa vier oder fünf Jahren war das bei uns zu Hause zwischen Eltern und Kindern nicht mehr üblich. Ich kann mich an eine Situation erinnern, als ich in kindlich stürmischer Art meinem Vater einen Gute-Nacht-Kuss gab. Meine Mutter sagte mir darauf, das bräuchte es jetzt nicht mehr, ich sei dafür schon zu groß. Ab diesem Zeitpunkt waren Zärtlichkeiten etwas, das nicht mehr passte.

Als ich meine eigenen Kinder bekam und sah, wie sehr sie körperliche Nähe und Zärtlichkeit genossen, traf mich erst der Schmerz über das, was mir gefehlt hat. Doch irgendwann war es mir nicht mehr wichtig. Ich sah vor allem die Chance, es jetzt bei meinen Kindern anders zu machen. Es tat mir auch sehr gut zu sehen, wie zärtlich und verschmust meine Mutter mit unseren Kindern umgeht. Sie ist eben nicht mehr die Mutter von damals und ich bin nicht mehr das Kind von damals. So haben auch wir beide einen neuen Weg gefunden, unsere Nähe durch herzliche Umarmungen auszudrücken.«

Die Kindheitsreflexionen sind ein wichtiger Prozess, um die eigenen Eltern in einem realistischeren Licht sehen zu können – mit ihren Stärken und Schwächen. Wir können die Vergangenheit nicht ungeschehen machen. Trotzdem dürfen wir erneut alle Wunden und Mängel betrauern, bevor wir sie beiseite legen. Jede Wunde bringt zwar Leid, aber mobilisiert gleichzeitig unsere Heilungskräfte. Wir müssen uns deswegen nicht auf den Schmerz, sondern auf die Kraft besinnen, die wir in uns tragen. Statt durch vergangene Kränkungen, niederschmetternde Kritik oder Verlassenheit im Schmerz zu verweilen, können wir uns entscheiden, die Gabe zu sehen, die wir dadurch gewonnen haben. Das kann beispielsweise die Sensibilität für die Verletzlichkeit anderer sein.

In unserer eigenen Mutterrolle haben wir die Chance, unsere alten Verletzungen durch ideenreiches Handeln selbst zu heilen: in kritischen Situationen können wir uns bewusst anders verhalten als unsere Mutter. Wir brauchen dann ihr »negatives« Erbe nicht in die nächste Generation mitzuschleppen.

Mütter sind allerdings auch immer Geschöpfe ihrer Zeit und viele ihrer vermeintlichen Defizite sind eigentlich nur Eigenschaften, die nur in den Augen der Tochter »veraltet« wirken. Wir tun uns einen großen Gefallen, wenn wir akzeptieren lernen, dass unsere eigenen Haltungen ebenfalls als »veraltet« gelten werden, wenn wir selbst Großmutter werden. Historische und gesellschaftliche Rahmenbedingungen bringen ebenso unvorhersehbare Schwierigkeiten mit sich – Weltkriege und wirtschafliche Depression des letzten Jahrhunderts haben auch Mütter in ihrer Erziehung grundlegend beeinflusst. Wer um seine Existenz bangt, hat nicht die Muße, über bessere Erziehungsmethoden zu sinnieren. Mütter mussten in frauenfeindlichen Zeiten eine ungeheure Kraft entwickeln, um ihr Leben zu meistern.

Sich gegenseitig neu wahrnehmen

Selbst Mutter zu werden ist sicherlich das beste Heilmittel gegen jugendliche Arroganz. Als Teenager hatte ich, Andrea, eine Menge Verbesserungsideen, die ich in meiner Mutterrolle durchsetzen wollte.

Schon seit meiner Jugend bin ich beispielsweise an gesunder Ernährung interessiert und habe mit meiner ständigen Kritik an den verschiedensten Gerichten meine Mutter sicherlich zur Weißglut gebracht. Zu der Zeit stellte ich mir mein Muttersein in dieser Beziehung folgendermaßen vor: meine Kinder würden jeden Morgen zum Frühstück mit Freude Multivitaminsaft trinken und selbstgemachte Marmelade und Vollkornbrot oder Müsli essen. Ich muss jedesmal über mich lachen, wenn meine Töchter im Restaurant Pommes Frites, Kartoffelbrei und Speck oder Butternudeln bestellen.

Wenn die Tochter selbst Mutter wird und damit ihre Mutter zur Großmutter macht, bekommt die Mutter-Tochter-Beziehung viele neue Chancen der Annäherung. Die Tochter wird beispielsweise im Mutteralltag mit ihren eigenen Grenzen regelmäßig konfrontiert. Sie muss sich ihre persönlichen Defizite eingestehen und verzeihen lernen. Sie erkennt, dass auch sie nur ein Mensch ist. Dadurch kann sie ihre Mutter leichter aus dem starren Gerüst der Idealmutter befreien. Wenn sie spürt, dass sie innerhalb von zwanzig Minuten von einer milden, geduldigen zu einer tobenden Mutter werden kann, bekommt sie meist eine ungeheure Achtung vor dem, was ihre Mutter geleistet hat. Sie kann ihrer eigenen Mutter jetzt als ebenbürtige Frau, mit Stärken und Schwächen, neu gegenübertreten.

Es ist fast eine Erleichterung, die Defizite unserer Mutter

noch in Erinnerung zu haben, wenn wir als Tochter unsere Schwächen im Alltag mit unseren Kindern erkennen. Trotz unserer Unzulänglichkeiten können wir anscheinend doch eine einwandfreie Kindheit erschaffen. Die Schriftstellerin Jill Churchill sagte dazu passend, die wichtigste Erkenntis, die sie über die Jahre gewonnen hätte, sei, dass man zwar keine perfekte Mutter sein könne, es aber Millionen Möglichkeiten gäbe, eine gute zu sein.

Es gibt immer schwere Zeiten einer Mutter, in denen nichts zu gelingen scheint. Das sind Zeiten, in denen eine Mutter dazu neigt, sich durch Selbstzweifel kontinuierlich abzuwerten. Dann kann die Ähnlichkeit zur Mutter, selbst in ihren Defiziten, befreiend und kraftspendend wirken. Wenn sie zum Beispiel wieder einmal feststellen muss, dass sie bei ihren Kindern mit ihren Ermahnungen nichts erreicht hat, fragt sie sich unweigerlich, was sie falsch macht. Dann folgen meistens ihre Ohnmachtsgefühle – »Ich weiß nicht mehr, was ich machen soll!«, und bei diesen Gefühlen denkt sie vielleicht an ihre Mutter und fragt sich, wie sie es denn damals gemacht hat. Dann kommt sie wahrscheinlich zu der Erkenntnis, dass ihre Mutter solche Gefühle genauso durchlebt haben muss und ihre Kinder trotzdem etwas geworden sind. Das kann sie innerlich stärken, so dass sie wieder Vertrauen gewinnt, ihre Situation mit den Kindern meistern zu können. Solche Momente lehren eine Frau auch, dass eine Mutter trotz spontaner Wut- und Frustrationsgefühle ihre Kinder immer noch unendlich lieben kann.

Viele Frauen, die eine komplizierte Mutter-Tochter-Beziehung führen, starten mit Hilfe ihres eigenen Kindes einen neuen Annährungsversuch mit ihrer Mutter. Ein Enkelkind ist für solche Großmütter oft ein Segen – sie können ihm all ihre Zuwendung geben, ohne Verantwortung für die Erziehung zu tragen. Sie können die schönen Momente mit ihm genießen, ohne die schlaflosen Nächte ertragen zu müssen. Ein Enkelkind kann zum wohltuenden Bindeglied zwischen Mutter und Tochter werden – solange es nicht als Machtmittel missbraucht wird. Denn die Tochter will in ihrer Rolle als Mutter und selbstständige Frau ernstgenommen werden. Sie darf ihre eigenen Ideen zur Kindererziehung haben. Dies mag der Mutter schwerfallen, vor allem wenn diese Vorstellungen nicht den ihrigen entsprechen. Solange die Erziehungsmethoden nicht extrem sind, muss die Mutter als weise Frau einsehen lernen, dass dies die Ideale von ihrer Tochter und deren Partner sind.

Elfriede liebt ihre Großmutterrolle und genießt die Zeit, die sie mit ihren beiden Enkelkindern verbringt. Was sie allerdings stört, sind deren Tischmanieren. Diese entsprechen so gar nicht ihren Vorstellungen von gutem Benehmen. Solange sie allein bei ihr zu Hause essen, versucht sie den Kindern »ordentliche« Manieren beizubringen. Wenn sie aber zum Mittagessen bei ihrer Tochter eingeladen ist, fühlt sie sich selten entspannt. Denn sie wundert sich jedes Mal, warum ihre Tochter und ihr Schwiegersohn nicht eingreifen, wenn die Kinder gewisse Regeln beim Essen nicht beachten. Elfriede hat kürzlich die Kinder deswegen ermahnt. Ihre Tochter aber antwortete ihr sofort, sie möchte sich hier raushalten. Elfriede versteht zwar die Haltung ihrer Tochter in Bezug auf die Tischmanieren nicht, hat sich für die Zukunft aber vorgenommen, das Thema wirklich bei den Eltern zu lassen. Sie erinnert sich nun auch wieder daran, dass sie selbst als junge Mutter einiges anders gemacht hat als ihre Mutter. Im Nachhinein hat sie dann öfter erkennen müssen, dass manche Methoden ihrer Mutter durchaus ihren Sinn hatten. Diese Einsicht könnte ihre Tochter auch eines Tages gewinnen, aber dafür braucht sie erst einmal die Möglich-

keit, es anders machen zu dürfen. Nach einigem Nachden-
ken konnte Elfriede das gut respektieren.

Über ihre Tochter kann eine Mutter wieder neue Blickwinkel auf Erziehungsfragen gewinnen. Manchmal erkennt sie
im Rückblick Situationen, in denen sie selbst zu streng oder
zu unbeweglich war, und kann nachvollziehen, dass ihre
Tochter offener damit umgeht. Vielfach bewundert eine
Mutter ihre Tochter für deren Art, Mutter zu sein. Sie hat ihr
das vorher in dem Maße vielleicht nicht zugetraut und sieht
sie jetzt mit ganz neuen Augen.

Allerdings kann eine Mutter die erwachsene Frau in ihrer
Tochter nur dann schätzen, wenn die Tochter sich auch als
solche verhält. Mit der Geburt ihres Kindes geht die Tochter manchmal in ihrer Entwicklung buchstäblich zurück in
den Mutterschoß. Wenn die örtliche Nähe dies zulässt, kocht
die Mutter für die Tochter, übernimmt ihre Wäsche oder sogar ihre Hausarbeit. Diese Fürsorge ist für eine gewisse Zeit
nach der Entbindung absolut hilfreich und für die Tochter
stärkend. Es gehört auch schon seit jeher zur Weisheit des
Mutterseins, der eigenen Tochter in ihren Entwicklungen
wie Menstruation, Schwangerschaft und Geburt nahe zu
sein.

Früher stand das Gemeinschaftsleben im Vordergrund –
das bestimmte auch das Verhältnis von Müttern und Töchtern. Aus diesem Gemeinschaftsleben hat sich mit der Zeit
ein stärkerer Individualismus entwickelt, in dem die eigene
Persönlichkeit stärker entfaltet werden kann. Wurde früher
mehr auf das Zusammenleben wertgelegt, dürfen wir uns
mittlerweile selbst in den Mittelpunkt stellen. Heute sind
Mütter und Töchter gefragt, die Weisheiten aus früheren
Zeiten mit ihrem heutigen persönlichen Umfeld zu verbinden. Vielfach spüren gerade die Mütter, die viel zum Ge-

meinschaftsleben beigetragen haben, in der Lebensmitte den Wunsch nach mehr eigenem Leben. Und die Töchter, die im Beruf bereits ihre »Frau« gestanden haben, sehnen sich in der ersten Mutterphase oft wieder nach mütterlicher Geborgenheit. Für beide ist das Maß entscheidend, das ihnen guttut. Auf Dauer bringt es Mutter und Tochter sonst in einen regelrechten Gefühlsspagat. Denn das eigene Kind ist für die Tochter ein äußerliches Zeichen ihres reiferen Erwachsenseins. Bleibt die Tochter in diesem wohligen Umsorgtwerden hängen, negiert sie ihre eigene Entwicklung und die der Mutter. Denn auch die Mutter wird am Weitergehen gehindert: Sie wird festgehalten in der Rolle der Mutter, die sie bisher schon war und kann sich nicht zur weisen Frau wandeln.

Annemarie hat vier erwachsene Kinder, das Jüngste ist gerade als Letztes ausgezogen. Ihre älteste Tochter hat kürzlich das zweite Kind bekommen und fragt Annemarie oft, ob sie ihr die Kinder für einige Stunden bringen könnte. Meist kommen diese Anfragen sehr spontan und das bringt Annemarie in einen Gefühlskonflikt. »Bisher habe ich jedes Mal zugesagt und die Kinder genommen, auch wenn ich eigene Termine dafür absagen musste. Insgeheim denke ich, dass ich nach so vielen Jahren des Mutterseins jetzt gerne mehr Zeit für mich hätte. Aber dann habe ich wieder ein schlechtes Gewissen, wenn ich mir vorstelle, dass ich meiner Tochter einmal absage und ihr die Kinder nicht abnehme.«

Manche Töchter erwarten von ihren Müttern, dass sie als Großmutter genauso für sie da sind wie früher als Mutter. Sie selbst wollen zwar in ihrer Entwicklung respektiert werden, aber ohne zu sehen, dass ihre Mutter auch neue Schritte machen will. Diese hat ihre Mutteraufgaben erfüllt und hat möglicherweise wenig Elan, jetzt als Großmutter noch einmal in gleichem Maße wie früher für die Tochter und die Enkelkinder dazusein. Für sie ist endlich der Weg frei, mehr Zeit für sich selbst zu haben. Vielleicht hat sie noch andere Vorstellungen von ihrem Leben und will reisen, Freundschaften pflegen oder ihre Interessen ausleben.

Die Tochter meint womöglich, der Mutter einen Gefallen zu tun, wenn sie sie so intensiv einbindet. Das mag für viele Mütter auch stimmen, die froh darüber sind, wieder eine Aufgabe zu haben. Aber manche Töchter entziehen sich ihrer neuen Verantwortung und benutzen ihre Mütter dafür, diese an ihrer statt zu übernehmen. Häufig fühlen sie sich auch vom Vater ihres Kindes nicht genug unterstützt. Sie suchen vielleicht lieber den Ausgleich bei ihrer Mutter als sich mit dem Partner auseinanderzusetzen. Es braucht die Achtung der Tochter, um auch die Frau zu sehen, die hinter der Mutterrolle steht. Ihre Mutter ist in einer anderen Phase als sie und braucht den Raum, diese Phase mit neuen Seiten ihres Frauseins füllen zu können. Vielleicht will die Mutter auch ihre Ehebeziehung neu beleben und mehr Zeit mit ihrem Mann verbringen.

Die Mutter braucht als Großmutter das Gefühl, dass sie ihre Aufgabe freiwillig erfüllen darf. Wenn die Tochter aber hohe Erwartungen an die Mutter hat, sie beleidigt oder mit Schuldgefühlen reagiert, sobald sie einmal Nein sagt, dann gesteht sie ihr diese Freiwilligkeit nicht zu. Im Gegenteil, sie belastet die Beziehung mit dem unausgesprochenen Vorwurf: Liebst du deine Enkel denn nicht?

Dort wo es Müttern und Töchtern gelingt, sich in ihren Entwicklungen gegenseitig wahrzunehmen und sich vor allem darin zu respektieren, empfinden sie ihre Beziehung als Glück.

Ich bin wie du und doch ganz anders

Häufig bemerken wir Frauen unsere Ähnlichkeit mit der eigenen Mutter erst, wenn wir selbst Mutter werden. Plötzlich gebrauchen wir Ausdrücke, die wir noch von unserer Mutter her kennen. Haben wir ein positives Verhältnis zu unserer Mutter, besinnen wir uns auch meist wieder auf ihre Werthaltung, die wir mit unserer eigenen Kindheit verbinden: wir backen beispielsweise Kuchen, schmücken unser Heim festlich zu den Feiertagen oder entdecken unsere spirituellen Wurzeln wieder. Damit erleben wir selbst noch einmal ein Stück weit die Geborgenheit unserer Kindheit. So sehr wir unsere Mutter während der Jugendzeit kritisiert haben mögen, in unserer Mutterphase holen wir sie uns emotional wieder ganz in unsere Nähe. Wir werden auch im täglichen Umgang mit unseren Kindern an sie erinnert. In zweifelhaften Situationen fragen wir uns, wie unsere Mutter wohl gehandelt hätte. Sie kann uns so zu einer Art inneren Ratgeberin werden.

Und doch sind wir anders. Wir haben andere Hobbys, suchen uns einen anderen Partner und erziehen unsere Kinder unter anderen Bedingungen. Wir haben auch Charakterzüge, die uns von unserer Mutter unterscheiden.

Je ähnlicher sich Mutter und Tochter allerdings in ihrem Wesen sind, desto schwieriger ist es oft für die Mutter zu begreifen, warum ihre Tochter in vielen Fällen andere Entscheidungen trifft. Die »ähnliche« Tochter kann in die Engel-Rolle rutschen, in der sie sich den Erwartungen der Mutter beugt. Sie sucht dabei deren Liebe und Anerkennung. Diese Tochter traut sich häufig nicht, ihre Andersartigkeit frei zu leben, weil sie sich der Kritik ihrer Mutter nicht aussetzen will. Diese haben oft ein geringes Selbstwertgefühl und empfinden die unterschiedliche Meinung ihrer sonst ähnlichen Tochter als Kritik an ihren Entscheidungen. Sie reagieren darauf verunsichert und defensiv.

Sophia versteht sich sehr gut mit ihrer Mutter. Nach der Geburt ihres ersten Kindes hat sich die Nähe zu ihr eher noch verstärkt. Sie tauschen sich gerne über ihr Muttersein aus und haben auch sonst in vielen Bereichen die gleichen Ansichten. Als die Taufe des Kindes anstand, sprach Sophia auch mit ihrer Mutter darüber. Sofort bot die Mutter ihr an, nach der Taufe bei ihnen im Elternhaus mit den Gästen zu feiern. Sie würde das Kuchenbacken und die Tischdekoration übernehmen. Das hatte auch ihre eigene Mutter schon so gemacht. Sie ging davon aus, dass ihre Tochter das gerne annehmen würde. Sophia und ihr Mann aber hatten andere Vorstellungen. Sie hatten sich bereits ein Café ausgesucht, in das sie die Gäste einladen wollten. Gekränkt davon, dass ihre Tochter das bereits mit ihrem Mann entschieden hatte, hielt die Mutter ihr auf einmal in vorwurfsvollem Ton entgegen: »Sind dir jetzt meine Kuchen nicht mehr gut genug?« Sophia war völlig überrascht von dieser Reaktion, denn sie hatte bei ihrer Entscheidung auch die Mutter im Blick gehabt. Sie wusste, welche Arbeit sie sich zu solchen Festen immer machte und wollte sie entlasten. Nun war auch Sophia gekränkt, weil sie es gut gemeint hatte und sich von der Mutter nicht verstanden fühlte. Auch die Mutter wollte etwas Gutes für Sophia, sah aber nicht, dass für Sophia etwas ganz anderes »gut« ist.
Der Mutter gelang es an diesem Tag nicht, Sophia in ihrer Entscheidung stehen zu lassen und Sophia fühlte sich von der Mutter nicht respektiert. Statt den Vorschlag der Tochter als neutrale Idee anzuerkennen, sah die Mutter die Entscheidung einzig in Bezug auf sich selbst.

Oft führen solche Situationen zu zeitweiliger Funkstille. Statt sich hinter den gegenseitigen Verletzungen zu verbunkern, hilft es meistens, wenn eine der beiden mit Humor auf die andere zugeht und klarstellt, dass es sich um ein Missverständnis gehandelt hat. Jede will ja letztlich etwas Gutes für die andere. Je schneller und lockerer solche Missverständnisse aus der Welt geschafft werden, desto leichter kann ein offenes Gespräch stattfinden, in dem die zentralen Frgen geklärt werden können: Was brauche ich und was brauchst du? Was ist uns beiden wichtig und warum? Wie können wir eine Lösung finden, die uns beide zufriedenstellt? Bei diesem Vorgehen ist der Blick in die Zukunft gerichtet und nicht auf die unabsichtlichen Verletzungen. Dabei müssen die Gründe des anderen geachtet werden. In unserem Fall könnte das heißen, dass die Mutter mit ihren guten Kuchen gesehen und gelobt werden wollte. Sophia wollte hingegen ihre Mutter entlasten, und vielleicht auch eine selbständige Entscheidung mit ihrem Mann treffen, ohne die Mutter mit einzubinden. Wenn sie im klärenden Gespräch feststellen, dass keine ihrer Gründe »gegen« den anderen waren, können sie eine für beide Seiten zufriedenstellende Lösung finden.

Dennoch ist in manchen Situationen zwischen Mutter und Tochter erst einmal kein klärendes Gespräch möglich. Dann ist es meistens eine Hilfe, zeitweise für sich zu bleiben. Im Abstand kann sich die »ähnliche« Tochter darauf besinnen, was die Gleichheiten zu ihrer Mutter ausmachen und wo ihre Unterschiede liegen. Sie muss herausfinden, wo die Mutter aufhört und sie selbst beginnt: Welche Werte meiner Mutter stimmen mit meinen überein und welche lege ich, aus Ehrlichkeit zu mir, ab? Welche Seiten meiner Persönlichkeit gehören auch noch zu mir, denen ich bisher noch keinen Raum gegeben habe? Ein solcher Abstand auf Zeit zwischen »ähnlicher« Mutter und Tochter wirkt sich auch auf harmonische Beziehungen positiv aus.

Wenn Mutter und Tochter nach einiger Zeit wieder zusammentreffen, können sie sich auf einer reiferen Ebene begegnen – als zwei Frauen mit unterschiedlichen und auch ähnlichen Erfahrungen, die voneinander lernen können. Das setzt voraus, dass die Mutter diese Art von Meinungsverschiedenheit nicht mehr als persönliche Abwertung begreift, sondern als Resultat der anderen Lebensweise ihrer Tochter. Das gilt ebenso für die Tochter, die bei aller Ähnlichkeit zur Mutter deren unterschiedliche Meinung nicht mehr entwertet. Es ist nicht ihre Gleichheit, sondern die gegenseitige Achtung ihrer Persönlichkeiten, die der größte Liebesbeweis zwischen Mutter und Tochter ist.

Die Schauspielerin Judy Garland gab ihrer Tochter Liza Minelli in diesem Zusammenhang den folgenden Rat: »Sei eine erstklassige Version deiner Selbst, statt eine zweitklassige Version einer anderen.«

Die Töchter, die in ihrem Naturell der Mutter überhaupt nicht gleichen, entwickeln oft als Kind eine engere Bindung zum Vater. Mit der Geburt eines eigenen Kindes spüren diese Töchter dann eine Annäherung an ihre Mutter. Sie suchen stärker die Verbindung zum Weiblichen und zeigen plötzlich Interesse an den vorhergehenden Frauengenerationen ihrer Familie.

Durch ein Kind lernen wir eine weibliche, fürsorgliche Seite an uns kennen, die auch überraschend verletzlich sein kann. Mit der Geburt eines Kindes sehen wir unsere Mutter von einer ganz neuen Seite: Wir erfahren die gleichen Schmerzen und schlaflosen Nächte, die gleichen Glücksmomente und die gleiche Ehrfurcht vor dem Wunder des Lebens. Erstmals wird uns bewusst, dass unsere Mutter nicht schon immer Mutter war, sondern auch erst in ihre Rolle hineinwachsen musste. Wir können dann nachvollziehen, dass schlechte Laune und Ungeduld aus Erschöpfung und Frustration resultieren und nicht aus mangelnder Liebe für das Kind. Wir können auch verstehen, dass äußere Umstände die besten Erziehungsabsichten unmöglich machen können. Wir erkennen, dass die Qualität unserer Kindheit nicht allein in den Händen unserer Mutter lag.

Wir können unsere Mutter mit viel mehr Verständnis und Wertschätzung sehen. Wir können unsere hohen Erwartungen an sie loslassen und sie einfach einen Menschen sein lassen, dem man verzeihen kann. Wer mit seinem Wesen und seinen Unzulänglichkeiten Frieden geschlossen hat, kann die der anderen auch akzeptieren. Und wer sich gegenseitig »sein-lassen« kann, der gibt Freiraum zum Leben. So können wir ganz anders als unsere Mutter sein und doch eine tiefe Verbindung zu ihr spüren.

Mutterland – Vater Staat

Wie gesellschaftliche Ideale
die Mutterbeziehung beeinflussen

Mit unserem Mutterland verbinden wir Zugehörigkeit und ein Gefühl für unsere Wurzeln, für spezielle Gerüche, Traditionen, besondere Gerichte und typische Charaktereigenschaften der Menschen – kurz, es sind emotionale Erinnerungen, die für uns das Gefühl von Heimat ausmachen.

Neben dem Mutterland steht der Vater Staat, der mit seinem weitreichenden Sozialwesen die Bürger ähnlich einem Vater absichert. Unser Verhältnis zu ihm ist das Geben und Nehmen – nicht sonderlich herzlich, sondern auf rein praktischer, meist finanzieller oder juristischer Basis. Heimweh hingegen haben wir immer nach unserem Mutterland, in dem wir uns verstanden und geborgen fühlen.

Spiegeln sich unsere emotionale Verbindung zum Mutterland und die pragmatische Beziehung zum Vater Staat auch in unseren gesellschaftlichen Mutter- und Vaterbildern wider?

Mit der Mutter verbinden wir, über alle Kulturen hinweg, fürsorgliche, schützende und heilende Attribute. Die Sehnsucht nach diesem liebenden Mutterbild scheint durch die Jahrhunderte beständig zu bleiben, während sich der tatsächliche Charakter der Mutterrolle pausenlos verändert. Die Zufriedenheit, die eine Mutter in ihrer Aufgabe empfindet, wird sehr davon beeinflusst, ob die Erwartungen der Gesellschaft ihrem persönlichen Mutterbild entsprechen oder nicht.

»Im Rückblick auf meine Mutterbeziehung fällt mir auf, dass meine Mutter und ihre drei Schwestern sich nie negativ über ihre Mutterbeziehung geäußert haben. Jede durchlebte für sich durchaus schwierige Situationen mit der Mutter, aber sie sahen es als ihren Weg, mit diesen Widerständen erwachsen zu werden. Sie nahmen ihre Mutter wie sie war. So hohe Erwartungen wie heute an Mütter gestellt werden, hatten die Frauen dieser Generation nicht.«

Heutzutage sind die Erwartungen an Mütter enorm hoch: Die ideale Mutter ist gut ausgebildet, körperlich in Topform, sieht blendend aus, füttert ihre Kinder nur mit Bio-Nahrung und schafft es locker, ihren Job und ihre Ehe erfolgreich zu leben. Gleichzeitig kennt sie sich mit Heilmitteln bestens aus und verfügt über dieselben Kenntnisse wie eine Kinderpsychologin.

Es scheint fast so, als würden die Erwartungen und Perfektionsansprüche an Mütter in dem Maße intensiver, je weniger rücksichtsvoll unsere Gesellschaft mit Kindern umgeht und je seltener Frauen bereit sind, die traditionelle Mutterrolle zu übernehmen..

Die Vaterrolle dagegen ist relativ konstant geblieben. Zwar fordern Frauen mehr Elternpflichten vom Partner ein, aber vom muskelgestählten Adonis, der seine Zeit zwischen Küchenherd und Kinderwiege verbringt, wie nebenbei eine glückliche Ehe führt und beruflichen Erfolg hat, kann keine Rede sein. So beschränken sich die väterlichen Pflichten zum Großteil weiterhin auf die finanzielle Versorgung der Kinder. Diese Rolle aber ist oftmals lediglich ein aufgezwungener Nebeneffekt der zahlreichen Ehescheidungen.

Die Gesellschaft und ihr Mutterbild

In den letzten Jahren ist die politische Diskussion um die geringe Geburtenrate immer wieder entfacht. Die politischen Forderungen haben dabei ihre Berechtigung, greifen aber häufig zu kurz: Man müsse nur die Familien mehr unterstützen und eine größere Anzahl an Kinderbetreuungsplätzen schaffen, dann würden die Frauen sich auch dazu bereit erklären, mehr Kinder zu bekommen. – Blicken wir aber hinter die finanzielle und berufliche Fassade, können wir uns fragen, ob unsere Gesellschaft ein Mutterbild propagiert, das den Frauen schlichtweg unattraktiv erscheint.

Es wird kaum gelingen, die Vereinbarkeit von Familie und Beruf nur durch »Vater Staat« möglich zu machen. Durch äußere Organisationsformen wird den Müttern zwar vermittelt, dass alles funktionieren kann, aber es fehlt dabei das Innere, die Emotionen, die Frauen zum Muttersein bewegen. Frauen brauchen für Familie und Beruf auch ein »Mutterland«, in dem sie die Chance haben, ihr Muttersein auf selbstverständliche Weise zu leben. Bisher haben sich Frauen in der Berufswelt hauptsächlich männlich geprägten Strukturen angepasst. In diesen Strukturen hat Muttersein noch keinen wertvollen Stellenwert. Leben sie aber das Bild einer Mutter, die sich »nur« zu Hause um ihre Kinder kümmert, haben viele Frauen inzwischen das Gefühl, nicht gleichwertig zu sein.

Im Umgang mit Wohnraum zeigt sich außerdem, wie wichtig einer Gesellschaft ihre Kinder sind. In einer geräumigen Wohnung ist ein Kind leichter aufzuziehen als in beengten Wohnverhältnissen. Größere Wohnungen sind für viele Familien jedoch kaum bezahlbar. Sie müssen sich eingrenzen, ob räumlich oder finanziell und manche Frau mag diese Belastung nicht eingehen.

Versucht eine Mutter ihren Kindern eine Streitkultur ohne Gewalt beizubringen, erfahren ihre Kinder dagegen in Filmen und Computerspielen, dass man nur mit Gewalt der Stärkere sein kann. Hier fühlt sich eine Mutter in ihren ethischen Werten von der Öffentlichkeit nicht ernstgenommen und unterstützt. Und während beispielsweise Ärzte, die Leben retten, hoch geschätzt sind, werden Mütter, die Leben spenden, nicht annähernd so sehr geschätzt.

Die Debatte über die schwindenden Geburtenzahlen habe ich, Andrea, mit großem Interesse von Amerika aus verfolgt, da die Rolle des Staates dort hinsichtlich der Familienpolitik sehr beschränkt ist. Während in Deutschland Vater Staat den Familien finanziell unter die Arme greift und Kindergartenplätze subventioniert, ist die Familie in den USA ziemlich auf sich alleine gestellt. Regelungen, die einer Frau den beruflichen Wiedereinstieg in ihre ehemalige Position sichern sollen, gibt es hier nicht. Und trotz der hohen Kindergarten-, Schul- und Studienkosten, trotz des minimalen Mutterschaftsurlaubs vor und nach der Geburt eines Kindes, bekommen die Amerikaner öfter Kinder und häufig nicht nur eines oder zwei. – Im Schnitt liegt die Geburtenrate bei 2,05 Kindern je Frau. Warum leisten sich diese Familien also viele Kinder und wir Deutschen, trotz all unserer staatlichen Unterstützung, liegen mit unserer Geburtenrate von derzeit 1,41 Kindern weit unter dem Durchschnitt der Industrienationen? Inwieweit beeinflussen die gesellschaftlichen Erwartungen an Mütter die Bereitschaft von Frauen, tatsächlich Mutter werden zu wollen?

Ein wichtiger Grund ist sicherlich ein kultureller Unterschied: Amerikaner haben einfach gerne Kinder, das Leben mit Kindern ist dort unkomplizierter und die meisten Familien können sich ein geräumiges Zuhause leisten.

Lust darauf, eine Familie zu gründen, macht nicht die

staatliche Unterstützung allein, sondern vielmehr die respektvolle Haltung der Gesellschaft gegenüber Müttern und Kindern sowie das Gefühl, eine gleichberechtigte Beziehung zu führen.

Aufgrund der hohen Anzahl von Kindertagesstätten ist die Möglichkeit für Frauen, ihrem Beruf totz Kind weiterhin nachzugehen, stark vereinfacht. Diese Einrichtungen sind oft sehr teuer, aber viele Mütter wollen sich ihre Unabhängigkeit bewahren und das Gefühl, zusammen mit ihrem Partner für die Familie zu sorgen, nicht aufgeben. Diese Einstellung wird auch weitgehend kritiklos akzeptiert, so dass die Mütter sich nicht als »Rabenmütter« fühlen müssen, sondern als gleichberechtigte Partnerin in ihrer Beziehung. Die ehemals männliche Rolle des Ernährers wird so auch von den Frauen getragen.

In diesem Umfeld wirkt sich auch eine Mutter-Tochter-Beziehung anders aus. Die Tochter sieht ihre Mutter hier als gleichberechtigt, auch wenn das für sie bedeutet, weniger Mutter, vielleicht aber mehr Vater oder andere »Mütter« zu haben.

Töchter greifen auf ihrem Weg auch die Defizite und die Sehnsüchte ihrer Mütter auf und bringen sie zusammen mit ihren eigenen Vorstellungen zur Entfaltung. Der Wunsch nach der Gleichwertigkeit von Mann und Frau war für Töchter ein wichtiger Antrieb, andere Wege zu gehen als ihre Mütter. Diese Gleichwertigkeit war für viele Frauen früher nicht lebbar und der Schmerz darüber hat sich auch auf die Mutter-Tochter-Beziehungen ausgewirkt.

Aber auch die Generation der Töchter ist, bis heute, nicht frei von Entwertungen ihres Frauseins. Wenn eine Frau in ihrem Beruf befürchten muss, wegen ihres Frauseins im Fortkommen benachteiligt zu werden, dann befindet sie sich, wie schon ihre Mutter, in patriarchalischen Strukturen.

In diesen kann sie eben nicht gleichwertig agieren: Entweder übergeht sie ihr Geschlecht und passt sich an das männliche System an, will vielleicht lieber kein Kind bekommen als berufliche Nachteile zu haben oder sie nimmt die Diskriminierung ihrer Weiblichkeit in Kauf und bekommt Kinder. Beides ist eine Wahlmöglichkeit, aber sie ist begrenzt innerhalb eines Systems, das Frauen in ihrem ganzen Sein noch nicht genug wahrnimmt. Viele Töchter haben sich heute männlich geprägten Lebensmustern ähnlich untergeordnet wie ihre Mütter. Sie merken es nur nicht, weil sie diese Muster genauso verinnerlicht haben wie einst ihre Mütter.

Julia ist Rechtsanwältin und in einer großen Kanzlei angestellt. Sie hat einen zwölfjährigen Sohn und lebt mit ihm allein. In einem Gespräch erzählt sie von der Anfangszeit in ihrer Arbeitsstelle: »Ich war überglücklich, als ich damals die Stelle in dieser Kanzlei bekam und wollte beweisen, dass meine Vorgesetzten ihr Vertrauen nicht zu Unrecht in mich gesetzt hatten. Wegen meines damals vierjährigen Sohnes wurde ich gefragt, ob ich die Kinderbetreuung geregelt hätte. Das konnte ich zusichern, denn mein Sohn war halbtags im Kindergarten und den anderen halben Tag bei meiner Mutter. Doch es war wie verhext – ob durch den Kindergarten oder andere Auslöser bedingt – ausgerechnet in dieser Zeit war mein Sohn ständig krank. Von Grippe und Scharlach bis zu einem gebrochenen Arm hatte er alles. Von Rechts wegen standen mir natürlich Urlaubstage zu, um bei meinem Kind zu bleiben, aber ich traute mich nicht, sie zu nehmen. Ich hatte Angst, wegen meiner Mutteraufgaben als schwach und nicht zuverlässig angesehen zu werden. Aus diesem Grund habe ich die Krankheiten meines Sohnes an meinem Arbeitsplatz gar nicht erwähnt. Es wäre vermutlich überhaupt nichts Negatives passiert, wenn ich klar zu mir gestanden hätte. Aber ich habe mich als Mutter selbst schwach gemacht und es tut mir heute noch weh, dass ich mein Kind fast verleugnet habe, um in einer männlich ausgerichteten Arbeitswelt zu bestehen. In dieser Zeit sagte eine Bekannte zu mir, die erfolgreich im Beruf war, aber kein Kind hatte: »Steh mit Stolz und Würde zu deinem Muttersein!«

Solange Frauen ihr Muttersein mit geringem Selbstwert darstellen, wird die Gesellschaft darauf antworten. Je selbstsicherer Frauen die Bedingungen einfordern, die sie für ihr Muttersein brauchen, desto klarer wird die Gesellschaft sie aufnehmen. Weil in Frauen bis heute die Angst vor der Abwertung des Weiblichen und damit auch der Mutter steckt, ist der Druck zur Anpassung groß. In der Vergangenheit haben Frauen in der Berufswelt vielfach die Bedingungen akzeptiert, die vorwiegend von Männern bestimmt wurden. Wenn es um ihr Muttersein geht, können aber nur Frauen bestimmen. Nur sie wissen, was sie dafür brauchen. Sie müssen aber auch wissen, wer sie sind. Sie sind ein sehr wichtiger Teil der Gesellschaft, der dazu beiträgt, dass diese Gesellschaft durch Kinder am Leben bleibt. Damit sie selbst und ihre Kinder gut leben können, dafür brauchen sie bestimmte Bedingungen. Für diese müssen Frauen ihre Stimme erheben.

Alternativen zu haben, ist für junge Frauen ein wichtiges Thema. Sie sind die Töchter einer Generation von Müttern, die diese Wahl oft nicht hatte. Lange Zeit hatten Frauen kaum am Erwerbsleben teil. Sie waren entweder zu Hause bei ihren Kindern, oder mussten in niederen Positionen arbeiten und blieben zumeist ohne Ausbildung. Das Modell des Vaters als Familienernährer und der Mutter als Hausfrau wurde vor allem seit den 50er Jahren des letzten Jahrhunderts propagiert. Obwohl dieses Modell als ideal gepriesen wurde, scheint diese Generation von Frauen oft unerfüllt zu sein. Die amerikanische Feministin Betty Friedan befragte in ihrem weitverbreiteten Werk »Der Weiblichkeitswahn« Mütter jener Generation und kam zu dem Ergebnis, dass viele von ihnen unter regelrechtem Identitätsverlust litten. Eine Frau klagte beispielsweise: »Ich schlafe so viel. Ich weiß gar nicht warum ich eigentlich so müde bin. (…) Es ist nicht die [Haus]arbeit. Ich fühle mich einfach nicht lebendig.«

Es war nicht genug, dass diese Mütter ihre Identität aufgegeben hatten – sie fühlten sich zudem schuldig, dass sie sich überhaupt beklagten.

Die Tochtergeneration hat genau diese Erfahrungen von Frustration und Mangel an ihren Müttern gespürt und wollte nicht in dieselbe Falle geraten. Sie stießen dabei allerdings auf ein Problem: während früher noch Mitglieder einer Großfamilie die Kinderbetreuung mit übernehmen konnten, führte die berufliche Mobilität dazu, dass diese Möglichkeit ausfiel. Staatliche oder anderweitige private Kinderbetreuungsplätze standen kaum in ausreichendem Maß zur Verfügung. Nicht zuletzt wurde diese Generation auch mit der Einstellung erzogen, dass nur eine Mutter, die bei ihren Kindern bleibt, eine gute Mutter ist.

Die Nachkriegsgeneration kämpfte also mit dem Dilemma, zwar höhere Ausbildungschancen zu haben, aber trotzdem in eine ähnliche Mutterrolle gepresst zu werden, wie die Frauengeneration vor ihnen. Sie hatten zwar eine Wahlmöglichkeit, aber diese hieß ganz klar, sich entweder der Familie oder dem Beruf zu verpflichten – beides zusammen war praktisch unmöglich. Zudem hätten sich zahlreiche Ehegatten von einer arbeitenden Frau in ihrer männlichen Versorgerrolle entwertet gefühlt. Um die Rollenverteilung zu fixieren, gab es sogar die rechtliche Möglichkeit des Ehemanns, seiner Frau die Erwerbstätigkeit zu verbieten.

In Anbetracht dieser Situation ist es nicht schwer nachzuvollziehen, warum die Töchter der Nachkriegsgeneration so vehement auf ihrer beruflichen Freiheit und ihrem Selbstausdruck bestehen. Frauen warten heutzutage bis zum Ende ihrer fruchtbaren Jahre, bis sie ihr erstes Kind bekommen. Sie wollen sich erst beruflich etablieren und ihre persönliche Freiheit nicht einschränken. Feiern, ausprobieren, selbstfinden – die ich-bezogene Spaßgeneration ist auch eine Antwort auf die scheinbar selbstlose Muttergeneration.

Dass weder Selbstfindung noch Selbstaufgabe eine dauerhafte Lösung darstellen, liegt auf der Hand. Irgendwo zwischen Freiheit und Bindung liegt wahrscheinlich die Wahrheit: Wenn Mütter und Töchter sich von den ständig wechselnden Mutterbildern unserer Gesellschaft lossagen und sich mehr auf ihre innere Stimme besinnen, dann brauchen sie sich nicht gegenseitig zu kritisieren oder beneiden. Dann kann die Tochter hinter der scheinbaren Selbstlosigkeit ihrer Mutter deren Fähigkeit erkennen, für eine andere Person aus tiefer Liebe zurückzustehen. Und die Mutter kann durch ihre ich-bezogene Tochter lernen, sich selbst mehr Bedeutung zu geben.

Die heutige Generation hat den Luxus, in sich hineinhorchen zu dürfen und frei entscheiden zu können, welches Mutterbild für sie am passendsten ist. Deshalb brauchen Frauen Wahlmöglichkeiten – nicht, um ihre Kinder frühzeitig in die Kinderkrippe zu geben, sondern um sich frei zu fühlen, ihr ganz einzigartiges Mutterbild zu leben.

Bettina ist eine Mutter, die von sich sagt: »Ich bin liebend gerne Mutter. Etwas anderes will ich gar nicht sein, es gehört ganz zu meinem Wesen. Auch wenn ich heute von anderen Müttern zunehmend schräg angesehen werde, stehe ich ganz zu mir.«

Die Gesellschaft wird ihr Mutterbild wandeln, wenn die Frauen ihr eigenes Mutterbild wandeln. Erst wenn mehr und mehr Mütter sich trauen, ihren individuellen Weg zu gehen, anstatt ein gesellschaftlich anerkanntes Mutterbild nachzuahmen, wird die Antwort auf die Frage, was eine Mutter zur »guten« Mutter macht, facettenreicher.

Mutterrolle und Selbstwert

Wie sich eine Frau auch entscheidet – es scheint, als könne sie die Anerkennung der Allgemeinheit nie wirklich gewinnen. Hat eine Frau ein abgeschlossenes Studium absolviert, stößt sie auf absolutes Unverständnis, wenn sie sich für die traditionelle Mutterrolle entschließt. Wählt sie hingegen den beruflichen Weg mit fremder Kinderbetreuung, wird sie als »Rabenmutter« bezeichnet. Besonders wir Frauen machen uns gegenseitig das Leben schwer: Karriereorientierte Frauen können nicht nachvollziehen, warum sich eine Mutter in eine scheinbar altmodische Rolle begeben will, wenn ihr doch heutzutage beruflich alle Türen offen stehen. Andererseits werten Vollzeitmütter die arbeitenden »Teilzeitmütter« als desinteressiert ab. Sie ziehen dabei jedoch nicht in Betracht, dass eine solche Mutter ihre Unterstützung und Versorgung der Familie in derselben Art und Weise zeigt, wie es Väter schon viel länger tun – ohne dafür kritisiert zu werden. Wenn Frauen sich weiterhin nicht gegenseitig achten, werden sie alle mit einem mangelnden Selbstwert zu kämpfen haben. Keine Frau wird mit dem von ihr gewählten Lebensweg wirklich glücklich, wenn sie sich ständig dafür rechtfertigen muss.

Um ehrlich zu sein, heutzutage eine Vollzeit-Mutter zu sein, kann phasenweise langweilig und einsam sein. Das liegt nicht an einem Mangel an Arbeit, sondern an der Monotonie und dem anstrengenden Alltag mit kleinen Kindern, die einer Mutter oft ihre letzten Reserven rauben. Viele Frauen, die sich vor kurzer Zeit noch mit interessanten Themen auseinandergesetzt haben, ersticken förmlich an dieser Eintönigkeit des Kleinkindalltags. Wenn die Bauklötzchen dann zum zehnten Mal an einem Tag wieder aufgeräumt und die x-te Ladung Wäsche zusammengefaltet wurde, fragt sich selbst die passionierteste Mutter, ob es das war, was sie gesucht hat. In einem Gespräch schildert eine Frau ihre Unzufriedenheit folgendermaßen: »Das Problem ist, dass ich entweder die Mutter meiner Kinder bin oder die Frau meines Mannes, niemals aber ich selbst.« Eine Frau, die sich so definiert, erlebt schnell eine Identitätskrise.

Simone hat diese Krise erlebt, als ihre beiden Kinder noch nicht im Kindergarten waren. Sie ist Zahnärztin und hat mit der Geburt ihrer Kinder Mutterschaftsurlaub genommen. Für sie war es selbstverständlich, die ersten Jahre zu Hause bei den Kindern zu bleiben. Doch sie hatte unterschätzt, wie sehr ihr die Arbeit in der Praxis fehlen würde. Der Umgang mit den Patienten und die Anwendung ihres Fachwissens, machten sie zufrieden. Wenn sie zu dieser Zeit abends nach Hause kam, hatte sie das Gefühl von Erfolg. Sie wusste genau, was sie an den Patienten bewirkt hatte. Zu Hause mit den Kindern hatte sie dieses Gefühl selten. Sie konnte abends nicht genau sagen, was sie an diesem Tag wirklich geleistet hatte. Ihr Selbstwertgefühl nahm rapide ab. Eines Tages entschied sie spontan, früher als geplant wieder in der Praxis anzufangen.

Viele Frauen machen während ihrer Zeit zu Hause bei den Kindern ähnliche Erfahrungen. Sie wundern sich, warum sie sich in ihrem Selbstwertgefühl so verunsichert fühlen. Sie verbinden diese Verunsicherung mit den Mutteraufgaben, der Reduktion auf das Haus und der fehlenden gesellschaftlichen Anerkennung. Dabei birgt diese Phase die große Chance, dem eigenen Selbstwertgefühl tiefer auf den Grund zu gehen. Eine Frau kann diese Zeit für sich nutzen, indem sie sich fragt: »Was macht mich zu einem wertvollen Menschen – unabhängig von dem, was ich leiste? Wie sehe ich selbst meinen Wert als Mutter?«

Jede Frau hat in ihrem Muttersein eine besonders wertvolle Gabe. Die eine bringt ihrem Kind etwas über die Natur bei, eine andere ist Spezialistin für kunstvolle Bastelarbeiten oder öffnet ihrem Kind das Herz für Musik. Manche Mutter erkennt, dass ihre Stärke nicht in der Kleinkindphase liegt, sondern im Umgang mit größeren Kindern. Oder sie spürt, dass ihre Qualität des Mutterseins nicht in der Menge der Zeit, sondern in der Intensität der Zeit liegt, die sie ihrem Kind gibt. Alles ist wertvoll, wenn eine Mutter ihm selbst den Wert gibt.

Der Weg einer Vollzeit-Mutter hat trotz aller Mühe auch in der heutigen Frauengeneration einen großen Vorteil: wer sich auf ihn einlässt, muss lernen sich selbst zu lieben, sich selbst auszuhalten. Die Selbstliebe aber ist eine der größten Aufgaben überhaupt.

Eine Mutter wird nicht täglich positive Rückmeldungen bekommen oder einen jährlichen Bonus erhalten. Sie kann sich nicht mit irgendwelchen Titeln schmücken und mit der Bewunderung anderer ihren Selbstwert aufbessern. Wer sich aufs Muttersein voll und ganz einlässt, muss entweder schon ein gesundes Selbstbewusstsein mitbringen oder sich eines aneignen. Oftmals werden zur Aufbesserung des Selbstwertgefühls leider die Kinder ausgenützt. Das Resultat sind Kinder mit ausgebuchtem Terminkalender, perfekter Garderobe, vorbildlichen Manieren – kurz, Kinder, die ihren Eltern die Bewunderung und den Stolz anderer bescheren.

Sich unabhängig von Erfolgen oder Misserfolgen seiner Kinder oder von eigenen äußerlichen Qualifikationen lieben zu lernen, ist das größte Geschenk, das sich eine Frau machen kann. Sich mit all ihren Bedürfnissen ernstzunehmen, ist für viele allerdings schwierig. Innerhalb unserer Familie stellen wir uns meist an die letzte Stelle und kommen auf Dauer zu kurz. Das liegt aber meistens nicht an den anderen. Wir haben zu lernen, unsere Wünsche genauso ernstzunehmen, wie die Wünsche der anderen. Eine Familie kann nur glücklich sein, wenn die Mutter glücklich ist. Für ihr persönliches Glück aber kann nur die Mutter selbst sorgen.

Wer sich für die Rolle der Vollzeitmutter entscheidet, muss zudem lernen, dass es manchmal absolut ausreicht, einfach nur da zu sein. Wir sind es gewöhnt, an unserer Produktivität gemessen zu werden, Pläne zu schmieden und einem möglichst geradlinigen Weg zu folgen. Als Mutter aber kann man oft nicht produktiv sein. Pläne werden täglich umgestellt, je nach Laune der Kinder, und wo unser Weg hinführt, ist besonders in den Jahren der Kleinkindphase unvorhersehbar. Aber unsere schiere Anwesenheit ist in dieser Zeit Gold wert: Wir dürfen der Fels für unsere Kinder sein, auf den sie sich stützen, die Person, die ihnen das Leben erklärt und ihren Gefühlen Sinn gibt. Für diese paar Jahre dürfen sie uns einfach haben und wissen, sie unserer Liebe wert sind.

Es ist letztendlich nicht wichtig, ob in der Gesellschaft ein überhöhtes oder ein abwertendes Mutterbild vorherrscht. Wichtig ist, dass eine Frau den Wert ihres Mutterseins nur in sich selbst finden kann. Die Gesellschaft wird ihr nicht geben können, was sie sich nicht selbst gibt. Je mehr sie sich in ihrer Mutterrolle achtet, desto mehr kann sie ihre Selbstachtung in ihrer eigenen Mikro-Gesellschaft, mit Partner, Söhnen und Töchtern, zum Ausdruck bringen. Gerade Töchter, die selbst einmal Mutter werden können, brauchen ein Mutterbild, an dem sie sich orientieren können.

Karriere – ein Konflikt?

Karriere und Mutterschaft miteinander zu verbinden, hat sich in den Köpfen von vielen Menschen als Idealvorstellung festgesetzt. In der Realität stellt sich aber oft heraus, dass die Idealvorstellung zu Überforderung führt. Zwar lachen uns die Vorzeigemütter aus Film und Fernsehen tagtäglich aus den Boulevardmagazinen an, wenn sie in hochmodischen Outfits ihre Kinder auf der Schaukel anschubsen, als gäbe es nichts Schöneres auf der Welt. Die Kolonne der sie unterstützenden Arbeitskräfte, von der Putzfrau bis zum Kindermädchen, sehen wir nicht. Deshalb fühlen sich viele Frauen schuldig, wenn sie diese zweigleisige Laufbahn als frustrierend und extrem anstrengend empfinden.

Ein amerikanischer Werbespot treibt diese Leistungsideologie auf die Spitze: Eine berufstätige Mutter wird in ihrem stressigen Alltagsleben gezeigt. Als sie sich abends todmüde neben ihren offensichtlich enttäuschten Ehemann ins Bett fallen lässt, wirbt der Sprecher des Spots für ein Medikament, das Frauen mit symptomatischer Müdigkeit und mangelndem Interesse an Sex Heilung verspricht. Wie weit sich unsere Gesellschaft schon von einem gesunden Frauen- und Mutterbild entfernt hat, wird in diesem Werbefilm überdeutlich.

Seit Feministinnen versuchen, die Gleichberechtigung von Frau und Mann zu erringen, kämpfen wir Frauen mit dem Problem, dass wir diesem Ziel zwar näher kommen, aber uns nicht in der Mitte treffen, sondern immer auf der Seite des Mannes. Statt unsere weibliche Lebensweise in ein männliches Korsett zu pressen, ist es an der Zeit, unsere Unterschiede endlich gleichberechtigt zu leben. Der kontroverse Psychologe Timothy Leary stellt zu Recht fest:

»Frauen, die versuchen Männern gleichzukommen, fehlt es an Ehrgeiz.«

Dieser Satz richtet sich an all jene Frauen, die beruflich ehrgeizig sind, ihren Ehrgeiz aber nicht dazu benutzen, sich in ihrer Weiblichkeit ganz kennen und lieben zu lernen.

Edith ist Physikerin und erlebt nun, in den mittleren Jahren, eine Krise: »Seit meiner Jugend habe ich das Gefühl, dass ich gegen meine Mutter rebelliere. Sie kommt ursprünglich aus Polen, zog aber mit meinem Vater und uns zwei Mädchen nach Deutschland, als ich sechs Jahre alt war. Für meine Schwester und mich war der ständige Satz meiner Mutter, den wir meistens morgens vor der Schule hörten: ›Kinder passt euch an, fallt bloß nicht auf!‹ Besonders in der Pubertät konnte ich diesen Satz nicht mehr hören und lehnte mich trotzig dagegen auf. Legte meine Mutter immer besonderen Wert darauf, dass wir Mädchen adrett gekleidet waren, lief ich nun in verlotterten Hosen und mit wilden Haaren herum. Gab sie sich in ihrem Aussehen stets sehr weiblich, gab ich mich jetzt burschikos. Ich sah in dieser Zeit oft verächtlich auf sie herab und sie auf mich. Wie zum Trotz wählte ich später das Studienfach Physik, das damals nur ganz wenige Frauen belegten. Zu dieser Wahl sagte meine Mutter: ›Warum suchst du dir ausgerechnet so ein männliches Fach, wo es doch für eine Frau viel reizvollere Fächer gibt!‹ Ich habe dann meine ganze Energie darauf gewandt, in diesem Beruf Erfolg zu haben. Unbewusst wollte ich meiner Mutter vielleicht etwas beweisen. In letzter Zeit habe ich eigenartigerweise immer öfter das Gefühl, dass mich meine Arbeit nicht mehr befriedigt. Mir fehlt etwas, aber ich weiß nicht was. Ich fühle mich völlig verunsichert und denke oft, dass ich mich gar nicht richtig kenne, dass ich viel zu wenig über meine weiblichen Seiten weiß. Dagegen habe ich ja immer rebelliert. Ich habe mich immer sehr über meinen beruflichen Erfolg definiert, aber das reicht mir jetzt nicht mehr. Er hilft mir in meiner Unsicherheit gerade einfach nicht weiter.«

In der deutschen Sprache bedeutet Erfolg auch Blühen und Gelingen. Wenn wir Erfolg nur auf berufliches oder sportliches Gelingen reduzieren, blenden wir das Blühen aus. Es ist fraglich, ob wir eine Frau als erfolgreich bezeichnen können, die zwar in jungen Jahren beruflich aufs Karriereeppchen geklettert ist, in Beziehungen aber keine Bindungsfähigkeit gezeigt oder ihre biologische Uhr nicht beachtet hat und deren Kinderwunsch nun zu spät kommt. Im Grunde handelt es sich dabei um eine Frau, die ihren weiblichen Werten weniger Gewicht gibt als ihren männlichen. Dies liegt aber nicht allein an den Frauen. Wenn eine Frau Karriere machen will, kann sie das aus gesellschaftlichen Gründen häufig nicht auf einen späteren Zeitpunkt in ihrem Leben verschieben. Arbeitgeber und Ausbildungsmöglichkeiten diskriminieren spätere Berufs- und Quereinsteigerinnen und die Arbeitszeiten sind mit einem Familienleben oft nicht vereinbar.

Und wo sind eigentlich die Männer, die sich mit den Frauen in der Mitte treffen wollen? Männer, die ihren Selbstwert nicht nur an ihrem beruflichen Erfolg messen, sondern den Wert einer funktionierenden Familie ähnlich hoch schätzen? Es gibt diese Männer zwar, sie sind aber leider noch in der Unterzahl.

Viele Töchter erleben heute eine Unabhängigkeit, die frühere Frauengenerationen nicht hatten. Sie haben einen Beruf, eine eigene Wohnung und ihr eigenes Auto, bestimmen ihre Urlaubsziele und verfügen über ihr eigenes Geld. Diese Lebensform begünstigt gleichzeitig die Angst von vielen jungen Frauen, die Selbstbestimmung über ihr Leben zu verlieren und in einer Partnerschaft Kompromisse eingehen zu müssen, wenn sie sich der Mutterrolle ganz widmen. Mit der Geburt eines Kindes gibt eine Frau tatsächlich einen Teil der Kontrolle über ihr Leben ab. Die Gefühle für ein Kind ändern häufig Haltungen und Ideale. Eine junge Mutter wird mit neuen Schwächen und Zweifeln konfrontiert. Aber wer will sich heutzutage schon als verunsicherte Mutter fühlen, wo dieses Bild so gar nicht dem Ideal der modernen Frau entspricht?

Die Autorin Iris Radisch zieht in Sachen Vereinbarkeit von Kind und Karriere folgendes Fazit: »Einer zahlt in diesem Leben einen Preis. Wenn es nicht die Eltern sind, ist es das Kind. Und wenn es die Eltern sind, ist es die Mutter.« Statt Kind und Karriere gleichzeitig unter einen Hut bringen zu müssen, wären viele Frauen dankbar für die Chance, sich erst den Kindern und dann dem Berufsleben widmen zu können. Denn im Leben der meisten Mütter kommt der Zeitpunkt, an dem sie spüren, dass sie reif sind, wieder ins Berufsleben einzusteigen. Bisher wurde Frauen dieser Schritt jedoch sehr schwer gemacht: Familienfeindliche Arbeitsbedingungen, diskriminierende Altersbestimmungen und Voreingenommenheit gegenüber älteren Berufseinsteigerinnen halten viele Frauen von diesem Schritt ab. Für ihren persönlichen Ausgleich wünschen sich die Meisten dennoch eine sensible Mischung aus Beruf und Mutterschaft.

Diese Mischung scheint auch ohne weiteres machbar, wenn eine Frau sich bei anderen Müttern umsieht. Es sei nur eine Frage der Organisation, Mutterschaft und Beruf zu vereinbaren, wird ihr vermittelt. Hinter dieser Fassade gibt es häufig aber noch ein anderes Bild.

Melanie erzählt offen von ihrem Weg als erfolgreiche Frau und Mutter: »Ich habe mich in meinem Beruf hochgearbeitet und bin jetzt mit 34 Jahren in einer Führungsposition. Meine Tochter ist neun Jahre alt und ich lebe mit ihr alleine. Für mich ist das Wort Emanzipation inzwischen ein Reizwort. Ich empfinde die Erwartungen an unsere Generation als zu hoch. Von meiner Mutter, die bei uns vier Kindern zu Hause war, habe ich keinerlei Erwartung an mich gespürt, sondern hauptsächlich von den Medien und den Lehrern. Uns wurde immer wieder gesagt, dass jungen Frauen heute alle Türen offen stehen und wir diese Chance unbedingt nutzen sollten. Ich habe sie genutzt, aber ich zahle einen hohen Preis dafür. Mein Leben ist zwischen Muttersein und Beruf straff organisiert. Abends bin ich immer froh, wenn nichts Ungewöhnliches dazwischen gekommen ist und der Tagesablauf funktioniert hat. Ist meine Tochter einmal krank, gebe ich ihr viel eher ein Medikament, als ich es sonst von meinem Gefühl her tun würde. Es ist in meiner Position einfach nicht vorgesehen, dass ich so oft fehle. Auch wenn ich vieles von dem erreicht habe, wovon andere in meinem Alter nur träumen können, weiß ich, dass das auf Dauer nicht mein Leben ist. Am liebsten würde ich weggehen in ein anderes Land, in dem nicht so viel Wert auf Erfolg gelegt wird, sondern wo ich einfach mal ich sein darf und es möglich ist, meinen Lebensunterhalt mit viel weniger Planen und Funktionierenmüssen zu verdienen. Ich würde eines Tages auch gerne jüngere Frauen führen und ihnen sagen, dass sie nicht

allem folgen sollen, was ihnen die Umwelt als Erfolgsmo-
dell einredet. Meine eigene Erfahrung ist für mich wichtig,
aber genau daraus will ich jetzt einen anderen Weg wählen.
Und wenn ich dabei auf meine Mutter schaue, dann sehe
ich, dass sie in jeder ihrer Phasen Erfolg hatte. Zuerst in der
Führung von uns Kindern und jetzt in der Führung anderer
Menschen. Das würde auch für mich passen.«

Eine Studie belegt, dass eine Mutter einen größeren Einfluss
auf das Gleichwertigkeitsgefühl ihrer Tochter hat, wenn
diese sie im Teenageralter als berufstätige Frau erlebt, statt
im jungen Mädchenalter. Im Idealfall könnte also eine Frau
zuerst Mutter werden und sich dann ihrer Karriere widmen.
Das bräuchte ein Umdenken in der Arbeitswelt, bedeutete
aber gleichzeitig mehr Achtung vor der Natur der Frau. Die
Angleichung an den geradlinigen, männlichen Karriereweg
ist für viele Frauen nicht unbedingt passend.

Dazu erzählte eine passionierte Stewardess und Mutter
zweier erwachsener Töchter, wie sie, sobald ihre Kinder in
der Schule waren, wieder zwei Tage pro Woche als Flugbe-
gleiterin arbeitete. Ihr Mann konnte an den Tagen auf die
Töchter aufpassen und sie konnte wieder ihrer Leidenschaft,
dem Fliegen, nachgehen. An ihren freien Tagen widmete sie
sich ihrem Garten, ihrer zweiten Leidenschaft. Sie hatte nie
das Gefühl, für die Mutterrolle etwas zu opfern; stattdessen
fand sie Erfüllung in einem Hobby, das mit der Mutterrolle
vereinbar war. Von ihr stammt der folgende Satz, der vielen
Frauen aus dem Herzen spricht:

»Als freie Frauen wissen wir, dass wir alles machen kön-
nen, was wir wollen, aber wir müssen nicht alles zur selben
Zeit schaffen!«

Wenn wir Karriere einmal vom Wortsinn her betrachten,
bedeutet es eigentlich Fahrstraße. Diese Fahrstraße ist für

die meisten Menschen ein beruflicher, sportlicher oder künstlerischer Weg. Erfolgreich zu sein heißt folglich, dass jemand seine besonderen Talente zu einem guten Ergebnis gebracht hat und dafür Anerkennung findet. Mutterschaft bedeutet auch, besondere Talente zu einem erfolgreichen Ergebnis zu bringen. Mutterschaft ist also ebenso »Karriere machen«, wird aber bisher oft nicht als Karriere anerkannt.

Birgit empfindet für ihre Mutter größte Anerkennung. Sie selbst lebt in einer glücklichen Partnerschaft, hat sich mit ihrem Mann aber bewusst gegen eigene Kinder entschieden. Sie ist mit Leib und Seele Lehrerin und ihre Schüler sind »ihre Kinder«. Von ihrer Mutter erzählt sie: »Meine Mutter hat mir immer sehr viel Kraft gegeben. Wenn ich sie anrufe, fühle ich mich danach immer gestärkt. Manchmal ist es ihre Weisheit, ein anderes Mal ihr großes Vertrauen in mich und manchmal ist es ihr Mut, mit dem sie das Leben meistert und mir damit Orientierung gibt. Ich habe einen solchen Reichtum durch sie bekommen, den ich so wertschätze, dass ich ihn an meine Schüler weitergeben will. Meine Mutter ist einen großen Erfolgsweg gegangen, auch wenn ihn niemand sieht. Ich sehe ihn mit tiefer Anerkennung und Dankbarkeit.«

In diesem Satz liegt ein Impuls zum Umdenken. Statt die Mutterphase als Dilemma zu betrachten, können wir lernen, sie als wichtiges, natürliches Element für das seelische Wohlergehen unserer Gesellschaft zu verstehen.

Wenn Frauen sich in diesem Bewusstsein gegenseitig stärken, werden sie als Mütter auch in ihrem Umfeld für dieses Wohlergehen selbstbewusster eintreten. Sie schaffen sich damit für ihre eigenen Bedürfnisse wieder mehr Heimat in einem Mutterland.

Frieden mit dir – im Frieden mit mir

Versöhnung als Schlüssel zur inneren Freiheit

Viele Frauen meinen, sie müssten sich von ihrem Mutterbild befreien, um sich innerlich frei zu fühlen. Dabei verleugnen sie meist jegliche Ähnlichkeiten mit ihrer Mutter und versuchen sich ausschließlich durch ihr Anderssein neu zu definieren.

Ablehnung kann aber nie wirkliche Freiheit bedeuten, denn die Mutter wird auf diese Weise nach wie vor in der Nähe gehalten – wenn auch in einer negativen Energie. Wahre Freiheit beginnt mit ehrlicher Selbstreflexion, mit Annahme des guten und schlechten Erbes der Mutter und mit dem Willen, auf der gemeinsamen Geschichte seine eigene Zukunft zu bauen. Wer beim Fundamentbau Steine auslässt, die nicht so schön sind, wird zwar ein hübsches Haus bauen, aber es könnte wackeln. Es geht nicht darum, wie die einzelnen Steine aussehen, sondern wie sie zusammengefügt werden können.

Versöhnung mit der Mutter muss nicht immer heißen, dass wir uns umarmen oder uns lieb gewinnen können. Versöhnung heißt im Frieden sein mit dem, was war und die Kontrolle über das, was noch kommen wird, in den eigenen Händen zu halten. Ein ermutigendes und besonders anschauliches Beispiel dafür ist Tanja, die nach einer furchtbaren Kindheit, inneren Frieden mit ihrer Mutter schließen konnte.

155

Bevor ich, Andrea, mich mit Tanja treffe, weiß ich nur, dass sie die erfolgreiche Chefin ihrer eigenen Firma ist, und dass sie seit gut 20 Jahren nicht mehr mit ihrer Mutter gesprochen hat. Ich begegne einer kleinen, strammen Frau Anfang 50 mit korrektem blonden Haarschnitt, dezentem Make-up und goldenen Ohrringen. Ihre direkte, bestimmende Art zeugt von einem immensen Kampfgeist und Ehrgeiz. Ihre Augen erzählen allerdings eine traurige Geschichte. Als ich Tanja frage, mit welchen Worten sie ihre Mutter beschreiben würde, fallen ihr drei Worte ein: gewalttätig, unheimlich, hinterhältig. Schon als Kind wurde Tanja regelmäßig geschlagen und psychisch missbraucht. Noch als Tanja 22 war, versuchte die Mutter sie mit einem Seil an der Waschmaschine festzubinden: Die Wäsche sollte sofort nach Beendigung des Waschgangs in den Trockner geladen und dann umgehend gefaltet wieder zurück in ihr Zimmer gebracht werden. »Ich habe es nur durch diese Kindheit geschafft, indem ich mir immer wieder sagte, dass ich überleben muss, um später fliehen zu können.« Das letzte Wort, das Tanja mit ihrer Mutter redete, fiel ein paar Jahre nach diesem Vorfall.

Tanja ist nicht verheiratet und hat keine Kinder. »Ich suche mir immer Männer aus, die eigentlich unter mir stehen – die kann ich kontrollieren und sie verlassen mich nicht. Ich habe noch immer Probleme, mich gegenüber gleichwertigen Männern voll zu öffnen. Meine letzte Beziehung hatte ich mit einem Mann, der getrennt von seiner Frau lebte. Ich traute mich, ihm zu sagen, wie ich mich fühlte und er sagte mir auch, was er empfand. Leider war der Zeitpunkt für ihn noch nicht richtig. Vielleicht habe ich mich ihm auch nur deshalb anvertraut, weil er nicht wirklich frei war und somit »sicher«. Aber ich bin schon auf dem richtigen Weg. Ich wollte selbst keine Kinder haben aus Angst, dass meine Aggressionen und meine Erinnerungen mich ständig einholen würden. Dafür habe ich ein Pferd, drei Hunde und einen Papagei. Ich kümmere mich um die Kinder meiner Haushälterin und lebe so meine mütterliche Seite auf eine für mich sichere Weise.« Gegen Ende unseres Gespräches frage ich Tanja, welche positiven Aspekte ihrer Mutter sie in sich trägt. Nach längerem Zögern antwortet sie: »Meine Mutter legte größten Wert auf Etikette, obwohl wir bettelarm waren. Das ist wahrscheinlich die wichtigste Qualität, die ich von ihr habe und ohne sie wäre ich in meinem Beruf nicht weit gekommen. Durch ihre unvorhersehbaren Wutausbrüche habe ich außerdem ein sehr genaues Gespür für Menschen entwickelt, das mir auch in meiner Firma hilft. Ich bin eine Kämpfernatur und die hat mich dahin gebracht, wo ich heute bin.«

Schließlich frage ich sie noch, wie sie sich ihr Leben in fünf Jahren vorstellt. Tanjas Augen strahlen plötzlich und sie erzählt mir von ihrer schönsten Kindheitserinnerung: »Als Siebenjährige ritt ich auf meinem Pferd oft fünf Meilen zum nächsten Bauernhof, wo eine deutschstämmige Familie wohnte. Die Mutter gab mir immer ein Glas Milch und einen Keks – ich fühlte mich so geborgen. Seitdem arbeite ich darauf hin, einen eigenen Bauernhof zu kaufen. Ich will Pferde, Hühner und Bienen züchten.« Ich bin überrascht, denn ihr jetziges Leben scheint so anders zu sein. Tanja lacht und wir gehen zusammen zu unseren Autos. Ich erwarte eine Luxuskarosse, aber sie zeigt mir stolz den größten Pick-up, den es derzeit auf dem Markt zu kaufen gibt. »Damit ich meine Pferdeanhänger ziehen kann« sagt sie und winkt. Neben ihr sitzen drei große Hunde auf dem Beifahrersitz.

Tanja konnte trotz der grausamen Erfahrungen in Kindheit und frühem Erwachsenenleben, auch schöne Erlebnisse aus ihrem Leben herausfiltern und erinnern. Auch gelang es ihr, trotz aller Wut auf ihre Mutter, zu erkennen, was sie von ihr und ihrem Verhalten lernen konnte. Diese Erfahrungen haben in ihrem jetzigen Leben zu ihrem Erfolg beigetragen. Tanja musste für sich entscheiden, dass sie nur durch komplette Abnabelung von ihrer Mutter Frieden finden kann. Es ging ihr dabei nicht um die Negation der Mutter, sondern um die physische Distanz zu ihr und ihren destruktiven Handlungen. In manchen Fällen ist dies tatsächlich der einzige Weg, um zu sich selbst zu finden und sich neu aufbauen zu können.

Für die Mehrheit von uns Müttern und Töchtern heißt Versöhnung aber emotionale Nähe zueinander zu schaffen. Dabei wollen wir uns als Mutter und Tochter auf gleicher Ebene in die Augen sehen können, wir wollen unsere gegenseitigen Stärken anerkennen und unsere Grenzen akzeptieren lernen. Wir wollen als Töchter unsere eigenen Schwächen zulassen und sie nicht der Mutter anlasten – Letzteres fällt uns allerdings oft besonders schwer.

Nina erzielt trotz Spitzen-Qualifikationen keinen langanhaltenden beruflichen Erfolg. In Gesprächen schimpft sie stets auf ihre geschiedenen Eltern, die ihrer Meinung nach zu ich-bezogen, zu bedürftig, zu wenig verständisvoll sind. Wären ihre Eltern unkomplizierter, so folgert Nina, könnte sie sich weitaus besser auf ihren Beruf konzentrieren. Die negative Energie ihrer Eltern habe einen schlechten Einfluss auf ihre Produktivität, denn ihre berufliche Position erfordere absolute Konzentration und Selbstkontrolle. Sie ziehe ernsthaft in Erwägung, den Kontakt zu ihren Eltern abzubrechen.

Im Laufe des Gesprächs wurde jedoch ein viel tiefer liegendes Problem deutlich: Nina hat einen extrem hohen Anspruch an sich und ihre Eltern, den weder sie noch ihre Eltern erfüllen können. Zudem wählte sie sich eine Berufs-sparte, die äußerste Konzentration und Selbstbeherrschung erfordert. Nur wenige haben deshalb in diesem Beruf dauer-haft Erfolg. Sie ist aber der Meinung, dass sie dieses Hinder-nis meistern könnte, wären ihre Eltern weniger »fehlerhaft«. Statt sich ihre eigenen Schwachpunkte, ja womöglich Miss-erfolge, zuzugestehen, projiziert sie ihren ganzen Frust über ihre unbefriedigende Situation auf die Charakterschwächen ihrer Eltern.

Unsere Eltern sind nicht perfekt, denn sie haben ihre eige-nen Komplexe und ihre eigene Geschichte, mit denen sie ihr Leben meistern müssen. Wir können lernen, Echtheit und Integrität aneinander zu schätzen, statt nach Perfektion zu streben. Manchmal reicht es schon, unsere gegenseitigen Erwartungen herunterzuschrauben um mehr Erfüllung ge-rade in unserer Mutter-Tochter-Beziehung zu spüren.

In Extremfällen kann das heißen, unserer Mutter aus-schließlich dafür zu danken, dass sie uns in diese Welt ge-boren hat. Es ist gut möglich, dass eine solche Mutter nicht viel Liebe zu geben hatte, da sie vermutlich in ihrer Kind-heit selbst nicht genug Liebe empfangen hat. Zu viel Ärger und seelischer Schmerz haben sie zu einer kalten Frau wer-den lassen. Aber sie hat uns dennoch das Leben geschenkt. Und trotz der vielen unerfüllten Bedürfnisse, liegt es als er-wachsene Frau an uns selbst, uns Wert und Freude in diesem Leben zu geben. Wir können unser Leben zelebrieren und brauchen nicht in endlosen Gefühlen des Mangels zu ver-sinken.

Manche Töchter klagen über zu unkonventionelle Mütter; Frauen, die dem gesellschaftlichen Mutterbild so gar nicht entsprechen wollen. Vielleicht wollen diese im Senioren-Al-ter immer noch von Bar zu Bar ziehen, statt ihren Enkeln

Märchen vorzulesen. Womöglich haben sie immer noch wechselnde Partner oder sie sind extrem abergläubisch. Wenn Mütter aus dem Rahmen fallen, können wir ihre Authentizität schätzen lernen. Als Töchter müssen wir sie Mensch sein lassen, auch die Mutter darf stark und schwach sein. Unsere Mutter darf Beziehungsprobleme haben und Unsicherheit zeigen. Sie darf wütend werden und impulsiv reagieren und muss nicht immer die richtige Antwort parat haben. Sie ist auch nur ein Mensch, und das ist gut so.

Haben wir uns als Tochter schon einmal überlegt, dass wir womöglich nicht die Tochter sind, die sich unsere Mutter gewünscht hat? Unsere Mutter liebt es, mit uns gemeinsam zum Einkaufen zu gehen, wir hätten aber mehr Lust zu wandern? Unsere Mutter ist reserviert, aber wir nehmen selten ein Blatt vor den Mund? Wir lieben das Abenteuer, unsere Mutter liebt die tägliche Routine? Unsere gegenseitige Beziehung muss nicht perfekt sein, sondern nur so gut, wie es uns als zwei eigenständigen Persönlichkeiten möglich ist.

Damit uns wirkliche Versöhnung gelingen kann, müssen wir uns gegenseitig Erfahrungen machen lassen und aufhören, uns über die andere zu definieren.

Die Psychologin Florence Wiedemann resümiert: »Der eigenen Mutter zu vergeben, heißt aufzuhören sich zu wünschen, sie wäre eine andere gewesen.« Gleichermaßen gilt dieser Satz für die Mutter, die ihre Tochter so annehmen muss, wie sie ist.

Hildegard hat zwei Söhne und drei Töchter, die längst erwachsen sind. Sie erzählt von der Schwierigkeit mit ihrer zweiten Tochter Hanna: »Hanna lebt alleine, sie ist erfolgreich in ihrem Beruf und arbeitet sehr viel. Bis vor ein paar Jahren kam Hanna regelmäßig am Sonntagnachmittag zu mir zum Tee. Obwohl sie immer auf ihre Eigenständigkeit pochte, brachte sie mir jedoch öfter ihre Wäsche mit, die ich für sie waschen sollte. Das passte gar nicht zu ihrer sonstigen Haltung mit der sie ausdrückte: ›Ich bin als Frau für mich selbst zuständig!‹, aber sie schien das von mir noch zu brauchen. Hanna war schon als Kind sehr eigen, aber je älter sie wurde, desto exzentrischer wurden ihre Meinungen zu Politik, Männern und Familie. Von ihren Geschwistern wurde sie schon gar nicht mehr ernstgenommen. Auch mir fiel es immer schwerer, mit ihr zu diskutieren, weil sie grundsätzlich gegen das war, was ich sagte. Sie kritisierte mich auch ständig, weil ich so viele Kinder bekommen hatte, statt einen eigenen Beruf anzustreben. Ich hatte oft das Gefühl, als wollte sie unbedingt, dass ich »mehr« sein sollte als »nur« Hausfrau. Ihre Besuche wurden zunehmend anstrengender für mich. Es war mir einfach zu viel, mich gegen ihre Vorwürfe immer verteidigen zu müssen. Ich wollte, dass sie endlich wie eine Erwachsene mit mir umgeht, sie war immerhin schon über 50. Als sie dann an einem Sonntagnachmittag nicht kam, war ich sogar ganz froh darüber. Sie kam auch am nächsten Sonntag nicht und rief nicht an. Irgendwann habe ich sie am Telefon erreicht. In diesem Gespräch teilte sie mir mit, dass sie nicht mehr zu Besuch käme. Sie brach den Kontakt zu mir völlig ab, ich hörte und sah von ihr nichts mehr, weder an Weihnachten noch zu Geburtstagen. Ich meldete mich auch nicht. Was hätte ich schon erreicht? Sie hätte mir weiter die üblichen Vorwürfe gemacht und mich besserwisserisch behandelt und das wollte ich nicht mehr. Sie hat nie gesehen, in welcher Zeit ich aufgewachsen bin. Als ich jung war, war Krieg und es gab nicht die Möglichkeiten wie heute. Außerdem war das meine große Aufgabe, fünf Kinder großzuziehen, aber sie hat das nie anerkennen wollen. Hanna und ich hatten über sieben Jahre keinen Kontakt. Ich dachte immer, sie wird schon kommen oder wenn nicht, dann ist das auch nicht mein Problem. Sie kam eines Tages wieder zu einer Familienfeier, blieb aber nur ganz kurz und tat, als wäre nie etwas gewesen. Inzwischen kommt sie öfter, aber wir haben nie darüber gesprochen, was zwischen uns war. Ich lasse sie einfach, weil sie so ist wie sie ist. Und es scheint so, als könnte sie mich jetzt endlich auch lassen. Vielleicht ist sie auch nachdenklich geworden, weil ich in der Zwischenzeit eine ernsthafte Krankheit hatte.«

Spätestens zum Zeitpunkt des Älterwerdens oder bei einer Krankheit der Mutter spüren die meisten Töchter, dass sie mit der Mutter ins Reine kommen wollen. Die eigene Mutter schwächer zu sehen und zu wissen, dass sie in naher Zeit sterben wird, bricht das Herz der Tochter auf. Es scheint plötzlich unvorstellbar, über den Tod hinaus an irgendeinem Groll festzuhalten, der ihnen jetzt vielleicht kindisch vorkommt. Irgendwann wollen sie keine ungeklärten Gefühle mehr zwischen sich stehen lassen, sondern einfach die Liebe spüren. Es berührt Töchter auch, ihre Mutter in ihrer Verletzlichkeit zu sehen. Vielleicht erkennen sie nun auf einmal, welche Bedürftigkeit hinter den Verhaltensweisen liegt, an denen sie sich bisher gestört haben. Die Töchter möchten dann meist auch mehr von der Lebensgeschichte ihrer Mutter erfahren, weil sie instinktiv wissen, dass sie eine Verbindung zu ihren eigenen Wurzeln brauchen. Die Töchter wollen von den Erfahrungen der Mütter noch etwas aufnehmen, was für ihr eigenes Leben stärkend sein könnte, bevor es zu spät ist.

Eine Tochter, die sich im Sterbeprozess der Mutter mit ihr versöhnt hat, erfährt meist einen solchen Frieden in sich, dass sie nun wieder die tiefe Liebe spüren kann, die immer zwischen ihr und der Mutter war. Die Mutter kann ihrer Tochter in dieser Phase oft all die Worte der Anerkennung und Liebe sagen, die sie ihr vorher nicht hatte sagen können. Beide spüren im Innersten: egal was vorher zwischen uns war, am Ende steht nur die Liebe.

Versöhnung zu finden ist ein Prozess und er hat seine eigene Zeit. Manche Töchter finden diesen Frieden erst nach dem Tod der Mutter. Aber sie suchen ihn, weil sie im Innersten wissen, dass sie sonst nicht frei werden, um ihr eigenes Leben zu leben. Denn nicht zu vergeben ist eine Last, die wir tragen und jeden Tag mit uns herumschleppen. Von Freiheit spüren wir dann nichts. Deswegen ist es die Sehnsucht nach Freiheit und nach Liebe, die uns dazu antreibt, der Mutter zu vergeben.

Rosmarie hat seit acht Jahren keinen Kontakt mehr zu ihren Eltern. Die Mutter hat diesen Kontakt abgebrochen, nachdem Rosmarie sie mit dem Missbrauch konfrontiert hatte, den ihr ihr Vater angetan hatte als sie noch ein Kind war. Die Mutter wollte davon nichts wissen. Inzwischen hat Rosmarie eine eigene Familie mit zwei Kindern und wünscht sich sehnlichst wieder eine Verbindung zu ihrer Mutter. Von Verwandten weiß sie, dass ihr Vater inzwischen gestorben ist. Sie hofft dadurch auf einen Weg, ihrer Mutter ohne den Vater wieder nahe zu kommen. Sie selbst hat ihre Geschichte in einer Therapie verarbeitet und will für sich nur noch Versöhnung. Rosmarie möchte von ihrer Mutter auch hören, wie sie früher als Kind war, was sie geliebt und was sie angestellt hat, damit sie ihren eigenen Kindern mehr von sich erzählen kann. Sie will auch die schönen Erinnerungen mit ihr teilen und hören, was die Mutter heute bewegt.

In Rosmarie ist der Wunsch zu lieben stärker als ihre Verletzung. Sie weiß, dass sie nicht verantwortlich ist für ihre Kindheitsverletzungen, aber dass sie heute Verantwortung trägt für das, was sie daraus macht. Und sie will keinen Hass zwischen sich und der Mutter stehen lassen, sie will vielmehr an einem Haus des Friedens mit ihr bauen.

Manchmal gelingt es der Tochter, offen mit ihrer Mutter über das zu reden, was schwer für sie war. Manche Mutter kann ihr ganz frei entgegenkommen und ihr sagen, dass sie das versteht. Mehr braucht eine Tochter oft gar nicht von der Mutter. Aber manchen Müttern ist es nicht möglich, über ihre Gefühle zu reden. Im Innersten haben sie oft auch die Angst, von der Tochter noch Schuld zugewiesen zu bekommen. So abwegig ist das auch nicht, denn wenn eine Tochter ihrer Mutter anklagend entgegenhält: »Ich sag dir mal, was mich alles verletzt hat« ist die Tür zur Mutter sofort zu.

Zur Versöhnung gehört, dass wir auf Schuldzuweisungen verzichten. Dies gelingt uns erst dann, wenn wir uns vorher mit unserem Schmerz wirklich auseinandergesetzt haben und ihn annehmen lernen als einen Teil, der zu uns gehört. Wir sind erst ganz zur Versöhnung bereit, wenn wir auch bereit sind, uns in die Mutter einzufühlen. Damit lassen wir unsere einseitige Sicht der Dinge einmal los und sehen die Situation mit den Augen der Mutter. Wir sehen so nicht nur unsere Not, wir sehen auch ihre Not. Vielleicht können wir ihr dann mit dem Satz entgegenkommen: »Ich möchte dir sagen, dass ich mir vorstellen kann, wie das für dich war«, somit ist die Türe zur Versöhnung weit offen.

Eine junge Frau mit schlimmen Missbrauchserfahrungen in der Familie hat ihre Versöhnung mit der Mutter dadurch gefunden, dass sie sich von ihr und der Familie ganz abgesondert hat. Sie hat ihren Namen geändert, ihren Wohnort gewechselt und ihre Religion neu bestimmt. Für ihr Glück sorgt sie jetzt selbst Der Mutter überlässt sie damit ebenso die Verantwortung für ihr Leben. Sie hat Achtung für das Leid der Mutter, aber sie will es nicht mehr zu ihrem Leid machen.

Leid und Schmerz zu akzeptieren, sich aber in Zukunft nicht darüber zu definieren ist der erste Schritt zur Selbstheilung. Verzeihen zu lernen ist ein Geschenk, das sich die Tochter selber machen kann, um nicht länger von ihrem alten Ärger gefangengehalten zu werden.

Versöhnung ist etwas, das wir für uns selbst tun. Es ist so, als würden wir unser Herz entgiften. Und der Mutter geben wir eine Chance, einfach sie selbst sein zu können. Denn ihr zu vergeben, heißt, nichts mehr von ihr zu verlangen. Es ist nicht entscheidend, ob durch unsere Worte oder durch unseren inneren Prozess der Vergebung auch in der Mutter etwas geschehen wird. Zwischen Mutter und Tochter gibt es zwar kaum etwas Schöneres, als aus tiefstem Herzen miteinander lachen zu können, wir können den Prozess der Vergebung aber auch nur in uns selbst erleben und dadurch befreit werden.

Aus der Opferrolle in die Selbstverantwortung

Frieden mit unserer Mutter zu finden heißt für uns auch, dass wir unsere Opferrolle aufgeben. Denn solange wir uns als Opfer ihrer mangelnden Liebe sehen, halten wir auch fest an ihrer Schuld. So machen wir uns zum guten Menschen und sie zur Täterin. In dieser undifferenzierten Haltung sind wir manchmal so eingefahren, dass wir gar nicht mehr wissen, warum wir uns so verhalten – wir wundern uns allerdings, warum wir dabei so wenig Nähe zur Mutter spüren. Wir können sie auch gar nicht spüren, weil wir uns als Opfer nicht auf die gleiche Ebene stellen.

Ein Zeichen für Versöhnung ist unsere Bereitschaft, für

die eigene Geschichte Verantwortung zu übernehmen. In Bezug auf unsere Verletzungen kann das heißen: »Das ist mein Schmerz und er gehört zum Prozess meines Lebens. Ich antworte darauf so, wie es mir möglich ist.«

Es ist der Wunsch jeder Mutter, dass ihre Tochter in diese Selbstverantwortung kommt. Das, was sie ihrer Tochter in der Vergangenheit vielleicht alles nicht gegeben hat, entlastet sie von Schuldgefühlen. Es ist auch der Wunsch jeder Tochter, dass die Mutter für ihr eigenes Wohlergehen selbst die Verantwortung übernimmt. Wo dies nicht gelingt, sind Mutter-Tochter-Beziehungen von Erwartungen und Enttäuschungen belastet.

Wir rufen zum Beispiel bei unserer Mutter an und fragen sie freundlich, wie es ihr geht. Statt einer Antwort hören wir aber den vorwurfsvollen Satz: »Ist ja schön, dass du dich auch mal wieder meldest!« Sofort sind wir in der Verteidigungsposition und erklären, warum wir nicht früher angerufen haben. Das ganze Gespräch läuft dann irgendwie anders als wir dachten und danach ist die Lust wieder anzurufen, deutlich geringer. Wir wissen aber, dass die Mutter auf unseren nächsten Anruf wartet und wenn er nicht kommt, wird sie wieder ärgerlich und wir fühlen uns erneut schuldig. Aber wir können auch lernen, die negative Energie bei unserer Mutter zu lassen: Wir tragen keine Schuld an ihrer Stimmung.

Ein großes Hindernis für emotionale Nähe zwischen Mutter und Tochter sind gegenseitige Erwartungen. Dazu können wir uns zwei wichtige Fragen stellen: Wie haben wir diese Erwartungen überhaupt geformt – tragen wir etwa überhöhte Mutterbilder in uns, die von Gesellschaft, Kunst oder Literatur kreiert wurden und die mit der wirklichen Mutter nichts zu tun haben? Welche unserer heutigen Erwartungen sind eigentlich noch unerfüllte Wünsche aus unserer Kindheit, für die wir als erwachsene Frauen selbst eine Lösung finden können?

Unsere Erwartungen bringen uns Enttäuschungen. Wir warten auf ein Verhalten der Mutter oder der Tochter, das uns zeigen soll, dass sie uns liebt. Wenn sie sich nicht so verhält, wie wir es uns vorgestellt haben, sind wir enttäuscht: Sie liebt uns scheinbar nicht und daraus entsteht Ärger. Aus dem Ärger erwachsen Vorwürfe. Und hinter den Vorwürfen steht im Grunde nichts anderes als der kindliche Hilferuf: »Bitte, liebe mich!« Wir drehen uns also im Kreis und hindern uns selbst daran, uns aus diesem Muster herauszuentwickeln.

Wenn wir unsere Erwartungen an die Mutter oder Tochter aufgeben, geben wir unsere Abhängigkeit auf. Wir hängen uns nicht mehr an eine bestimmte Vorstellung, sondern wir gestalten diese Vorstellung mit unseren eigenen Möglichkeiten. Es ist dann nicht entscheidend, wie sich unsere Mutter oder Tochter uns gegenüber verhält, sondern wie wir als erwachsene Frau darauf antworten.

In einem Interview verglich die bekannte Fotojournalistin Margaret Moth das Leben mit einem Tennisspiel: »Du hast keine Wahl wie der Ball zu dir geflogen kommt, aber wie du ihn zurückschlägst, darauf kommt es an.«

Wir haben keinen Einfluss darauf, welche Art von Mutter wir haben und genauso hatte unsere Mutter keinen Einfluss auf ihre Mutter oder auf den Charakter ihrer Tochter. Frauen, die in einer unbefriedigenden Beziehung mit ihrer Mutter oder Tochter stehen, können sich erst einmal mit der Tatsache trösten, dass sie sicherlich nicht das erste Mutter-Tochter-Paar in ihrer Familie sind, die Schwierigkeiten haben. Ob Kontrollverhalten, ständige Kritik, Über-Bemutterung oder, im schlimmsten Fall, Gewalt – solche Verhaltensweisen gab es vermutlich auch in früheren Generationen. Mutter und Tochter stehen in einem ständigen Verhältnis von Aktion und Reaktion. Während wir als Kind in gewisser Weise ein Opfer unserer Umstände waren, auf die wir keinen Einfluss hatten, liegt es jetzt an uns, wie wir »den Ball wieder zurückschlagen«. Wir können das Spiel zukunftsweisend positiv beeinflussen.

Marianne hat ihre Tochter vor 38 Jahren kurz nach der Geburt zu ihrer Mutter gegeben. Der Vater ihres Kindes hatte sie während der Schwangerschaft verlassen und sie musste für ihren Lebensunterhalt selbst sorgen: »Meine Arbeitsstelle war in der Stadt und ich sah damals keine bessere Möglichkeit, als meine Tochter bei meiner Mutter zu lassen, bis sie in die Schule kam. Danach konnte ich sie zu mir nehmen, weil es in der Schule einen Hort gab, in den Anja nachmittags gehen konnte. Etwa ab der Pubertät warf Anja mir meine damalige Entscheidung immer wieder vor. Ich fühlte mich dafür lange Zeit schuldig, inzwischen aber nicht mehr. Es ist mir bewusst, was es für meine Tochter bedeutet hat, dass ich sie weggegeben habe, aber damals wusste ich mir nicht anders zu helfen. Vor einigen Monaten ist Anja selbst von ihrem Mann verlassen worden und seitdem beginnt sie von Neuem, mir Schuldgefühle einzureden. Sie meint, ihr Mann habe sie nur verlassen, weil ich sie als Mutter auch schon so früh alleingelassen hätte. Auf diesen Vorwurf fand ich zuerst keine Antwort, aber irgendwann war ich nicht mehr bereit, mir das noch länger anzuhören. Mir ist klar geworden, dass sie nicht erwachsen wird, solange ich für ihre Schuldzuweisungen zur Verfügung stehe. Sie kann dabei gut von sich selbst ablenken, statt Verantwortung für ihre eigenen Handlungen zu übernehmen. Ich habe aber auch verstanden, dass ich mit meiner damaligen Entscheidung Frieden schließen muss. Sonst kann meine Tochter auch keinen Frieden finden.

Als Anja das nächste Mal versuchte, mich in Schuld zu verstricken, sagte ich ihr, dass ich zwar die ersten Jahre ihres Lebens nicht so bei ihr sein konnte, wie sie es sich gewünscht hätte. Aber dass ich jetzt bei ihr sei und diese Zeit mit ihr so erleben wolle, dass sie uns beiden gut tun würde. Ich machte ihr auch klar, dass ich mir ab jetzt keine Schuld mehr zuschieben lassen würde. Diesen Satz musste ich zwar noch ein paar Mal wiederholen, aber irgendwann war es bei ihr angekommen.«

Vielleicht sollten wir beginnen, unsere Erwartungen an unsere Mutter kritisch zu überprüfen. Waren meine Erwartungen ihr gegenüber wirklich fair und realistisch, gerade in Anbetracht ihrer persönlichen Geschichte? Waren meine Erwartungen an meine Mutter und meinen Vater gleichmäßig verteilt? Hatte meine Mutter überhaupt eine Wahl in ihrem Muttersein, wie ich sie heute als Tochter habe oder wurde ihr durch die Mutterrolle ein Teil ihres Ichs versagt?

Statt die Mutter in ihrer Realität zu sehen, fragen wir eher nach Fehlern und Schuld. Eine von uns teilt dann häufig die Schuld aus und die andere sammelt sie ein. Dabei ist der »Fehler« unserer Mutter meist der, dass sie nicht nach unseren Erwartungen lebt. Wir wollen im Grunde eine »Fühldich-gut«-Mutter haben, anstatt diese unerreichbare Fantasie loszulassen und unsere wahre Mutter zu umarmen. Umso weniger wir in unserer Mutter-Tochter-Beziehung voneinander erwarten, umso leichter ist es für uns, freundlich und gelassen miteinander umzugehen.

Als Mutter können wir die Beziehung zu unserer Tochter ähnlich betrachten. Presse ich sie in eine Rolle, die ihrem Wesen womöglich gar nicht entspricht? Benutze ich meine Tochter für meine eigenen Probleme? Sehe ich in meiner

Tochter nur mich selbst oder sehe ich sie als eigenständige Person?

Eine Mutter oder Tochter jenseits unserer Wunschvorstellung von der idealen Mutter oder Tochter gibt oft zu viel oder zu wenig Geld aus, raucht oder isst zu viel, jammert oder kontrolliert zu viel oder schaut zu viel Fernsehen. Aber genau diese Mutter oder Tochter kann im nächsten Moment auch mit ihren Sonnenseiten glänzen.

Das Erbe der Mutter vergolden

Unsere Mutter ist unsere Lehrerin. Sie lehrt uns, wie wir als Frau und Mutter sein können oder nicht sein wollen. In jedem Fall haben wir durch unsere Mutterbeziehung bestimmte Aufgaben und ein Erbe mit auf den Weg bekommen. Ob wir diese Aufgaben annehmen oder verweigern, ob wir das Erbe ausschlagen oder dankbar entgegennehmen, das liegt in unserer Hand.

Wir finden unsere persönliche Aufgabe dort, wo uns etwas gefehlt hat. Hatten wir in der Kindheit eine sehr dominante Mutter, dann hat uns ihre Bereitschaft gefehlt, auch auf unsere Stimme zu hören und diese ernst zu nehmen. Damit ist uns aufgegeben, besonders sensibel auf unsere eigene Stimme zu hören und uns zu Wort zu melden. Damit uns echte Beziehung gelingt, gilt es auch die Stimmen anderer mit einzubeziehen. Darauf richten wir unsere Wachsamkeit, hier liegt unsere persönliche Entwicklung.

Haben wir eine Mutter, die uns verlassen hat, ist uns aufgegeben, unsere Selbstliebe zu stärken. Wenn wir uns in verschiedenen Situationen fragen »Wie geht es mir hier, was brauche ich im Moment?« bleiben wir im Kontakt mit uns und verlassen uns nicht. Wir sind dann auch in Beziehungen kaum in Gefahr, uns zu verlieren. Unsere Aufgabe ist es, nicht von unserem eigenen Wesen und von unseren Gefühlen wegzugehen, uns nicht selbst zu verlassen.

War unsere Mutter gewalttätig, haben uns wahrscheinlich offene Kommunikation, Zärtlichkeit und Mitgefühl gefehlt. Damit ist uns als Reifungsweg aufgegeben, unsere Konfliktfähigkeit zu stärken und feinfühlig mit uns und anderen umzugehen. Für unsere Beziehungen bedeutet das, gegen verletzendes Verhalten Grenzen zu setzen und auf Wertschätzung zu achten.

Wer eine Aufgabe übernimmt, der hat Lust etwas zu gestalten und zu entwickeln. Unsere Beziehungsfähigkeit zu fördern und unsere Selbstliebe zu stärken ist durchaus eine lustvolle Aufgabe. Denn wir können mit unseren Möglichkeiten spielen, ausprobieren und uns dabei neu erfahren. Am Ende spüren wir, wie innere Freiheit sich anfühlt.

Kerstin hatte eine Mutter, die mit sechs Kindern, Haus und Hof völlig überfordert war. Sie wirkte meistens erschöpft, war auch immer wieder krank und es schien, als hätte sie keinerlei Freude mehr in sich. Das fehlte Kerstin am meisten, die Freude. Heute, mit ihrer fünfköpfigen Familie und ihrer beruflichen Position fühlt sich Kerstin ähnlich überfordert wie ihre Mutter. Auch sie spürt in ihrem Alltag wenig Freude. Dabei hatte sie sich für ihre eigenen Kinder einmal vorgenommen, mit ihnen die Freude zu leben, die sie selbst vermisst hatte. Sie spürte an diesem Punkt die Ähnlichkeit zu ihrer Mutter und reagierte darauf mit Resignation: »Ich schaffe es auch nicht, mehr Freude zu leben!« Das klang wie ein Leistungsanspruch, der für Kerstin unerfüllbar scheint.

Die Tochter steht für neues Leben und Kerstin wollte dieses neue Leben. Die Freude fehlte ihrer Mutter vor allem, weil sie nicht für die Frau in sich gesorgt hatte. Diese hätte vielleicht Tanzen, Lesen oder Nichtstun zu mehr Frohsinn gebraucht. Kerstin ist durch ihre Mutterbeziehung aufgegeben, sich um ihre Freuden zu kümmern und sich auch kleinen Freuden gegenüber zu öffnen. Um aus der Überforderung zu kommen, kann sie sich stets fragen: »Wer fordert hier etwas von mir? Wie viel fordere ich selbst von mir und warum tue ich das?«

Wo Mangel, Überfluss oder Verletzendes war, hat immer etwas an Liebe gefehlt – Liebe für andere oder Liebe für sich selbst. Diesen Liebesmangel aufzufüllen, ist uns als Aufgabe gestellt. Denn wir kommen bei unserer Geburt nicht in eine heile und nur liebende Mutterbeziehung, wir werden wie alle Menschen in eine beziehungsverletzte Welt geboren. In der Kindheit haben wir die Erfahrung gemacht, wie tief diese Beziehungsverletzung gerade bei unserer Mutter war und wie sie sich auf uns ausgewirkt hat. Unsere Herausforderung ist es, im Laufe unseres Lebens möglichst viel von dem zu heilen, was zwischen uns verletzt ist.

Geht das Leben der Mutter zu Ende, bekommt die Mutter-Tochter-Beziehung eine neue Intensität. Beide spüren, dass ihre Beziehung vor einer Wandlung steht. Die Mutter erfährt ihre Grenzen meist in ihrer körperlichen, die Tochter in ihrer seelischen Kraft. Sie erkennen den Aufruf zum Loslassen. Und beide wissen dabei, dass jedes Gespräch, jede Umarmung irgendwann die letzte sein wird. In diesem Prozess des Lösens haben Mutter und Tochter zugleich das Gefühl, sich neu zu finden. Die Mutter braucht in dieser Phase oft die Hilfe ihrer Tochter. Dadurch sieht sie die Kraft ihrer Tochter vielleicht mit neuen Augen. Instinktiv spürt sie vermutlich, dass die Tochter ihre Mutterkraft nicht mehr braucht.

Weil die Mutter auf ihrem Weg zum Sterben alles Äußere lassen muss, zeigt sie der Tochter oft auf neue Weise ihre innere Stärke. Die Tochter erlebt ihre Mutter in dieser Zeit meist echter als je zuvor. War die Mutter eher unklar in ihren Wünschen, ist sie auf einmal klar und direkt. Hat sie ihre Tochter früher mit Strenge behandelt, zeigt sie ihr jetzt Milde und Güte. Für die Tochter ist das wie ein Geschenk, das die Mutter ihr zum Abschied gibt. Und die Tochter sucht im Innersten auch etwas, das sie von der Mutter wie ein Erbe in ihr Leben übernehmen kann. In diesem inneren Erbe der Mutter zeigt sich oft ihre elementare Kraft. Von dieser Kraft kann die Tochter nach dem Tod der Mutter zehren, bis sie entdeckt, dass es zu ihrer eigenen Kraft geworden ist.

Irene hat ihre Mutter nie wirklich glücklich gesehen. Soweit sie zurückdenken kann, hatte sie das Gefühl, dass ihre Mutter mit ihrem Leben unzufrieden sei. Diese war mit ihren Eltern nach dem Krieg aus der Heimat vertrieben worden. Für ihre Mutter war das ein Schmerz, den sie nie überwunden hatte. Wenn diese von den Erinnerungen ihrer Kindheit erzählte, war sie voller Wehmut und Groll. Sie ließ viel von diesem Groll an ihrem Vater aus, ihren Töchtern gegenüber beklagte sie sich mehr über das, was sie alles nicht bekommen hatte. Als Kind versuchte Irene besonders nett, fleißig und hilfsbereit zu sein, um die Mutter auf ihre Weise glücklich zu machen. Weil sie das nicht schaffte, zog sich Irene innerlich von der Mutter zurück. Ihr Verhältnis war bis zum Tod der Mutter von dieser Distanz geprägt. Sie konnte ihrer Mutter emotional nicht nahe kommen. In den Tagen vor ihrem Tod war Irene aber bei ihrer Mutter und blieb an

173

ihrem Krankenbett. Kurz bevor ihre Mutter starb, sagte sie ihr: »Irene, ich bin so glücklich!« Dass ihre Mutter ihr diesen Satz noch sagte, auf den Irene so lange gehofft hatte, empfand sie als das Schönste, was ihre Mutter ihr geben konnte.

Irenes Mutter hatte ihr Leben lang darauf gewartet, dass andere sie glücklich machen sollten. Am Ende ihres Lebens hat sie das Glück in sich selbst gefunden. Diese Erfahrung war für Irene der Schlüssel, ihr eigenes Glück nicht mehr von anderen abhängig zu machen, sondern es aus sich heraus zu finden. Sie wollte das an ihre Kinder weitergeben, nicht allein durch ihre Worte, sondern indem sie es ihnen vorlebte.

Was wir von der Mutter bekommen haben, ist unser Erbe. Das können die vielen kleinen Zeichen sein, in denen wir ihre Liebe gespürt haben. Instinktiv geben wir sie weiter und vermehren sie dadurch. Es können Worte sein, die uns bis heute in schwierigen Situationen Hoffnung und Stärke geben und die wir auch anderen sagen. Es können ihr Glaube, ihre Werte und ihre innere Haltungen sein, die wir als stärkend und sinnvoll für uns empfinden und anderen vorleben.

Wenn Töchter in ihrer Mutterbeziehung viele Mangelerlebnisse hatten, glauben sie an kein Erbe. Sie meinen, da sei nichts, was für sie als innere Kraft wirken könnte. Manchmal gibt es nichts anderes zu achten als das Leben, das sie von der Mutter bekommen haben, doch auch das ist viel. Denn das Leben allein ist ein Reichtum. Um von diesem Reichtum bei allem Mangel etwas zu spüren, haben manche Töchter unter schwierigsten Bedingungen einen ungeheuren Lebenswillen entwickelt. Möglicherweise achten sie dadurch unbewusst das Erbe der Mutter.

Andere Töchter erfahren, dass sie vom finanziellen Erbe ihrer Eltern ausgeschlossen oder mit weniger Wert bedacht werden als ihre Geschwister.

Christianes Eltern haben ihr finanzielles Erbe schon zu Lebzeiten zwischen ihr und den beiden Brüdern aufgeteilt. Der Erbteil der beiden Brüder ist dreimal so hoch wie der Christianes. Als sie ihre Eltern um ein klärendes Gespräch bat, gab ihr der Vater nur zur Antwort, wenn ihr das nicht passen würde, könne er das Testament auch wieder ändern und ihr gar nichts geben. Sie war zutiefst gekränkt, vor allem auch von ihrer Mutter, die diese Ungerechtigkeit zuließ und nicht für sie eintrat. Nach einer Zeit der Distanz wollte Christiane darüber noch einmal mit ihrer Mutter sprechen. Diese sagte ihr dann, dass sie immer das Gefühl hatte, dass Christiane viel mehr Kraft in sich hätte als ihre Brüder. Bei ihr wüsste sie, dass sie noch viel aus ihrem Leben machen würde, bei ihren Brüdern glaubte sie das nicht. Vielleicht hätte sie als Mutter das instinktiv erkannt und so gehandelt.

Das war zwar kein Trost für Christiane, was das finanzielle Erbe anging, aber sie verstand, dass es auch ein inneres Erbe geben kann. Je mehr sie darüber nachdachte, desto mehr Kräfte erkannte sie in sich, die sie von der Mutter in sich trug. Diese waren es wert, geachtet zu werden.

Eine Tochter ist nach dem Tod der Mutter besonders davon berührt, welche Werte sie von ihrer Mutter weiterleben und welche sie neu dazu setzen will. Rein äußerlich ist sie keine Tochter mehr und das kann neben aller Trauer auch ein neues Gefühl von Freiheit bedeuten. Sie ist frei, sich als Frau neu zu finden, mit der Mutter innerlich verbunden und doch in ihrem ganz eigenen Stand.

Sich als Tochter das innere Erbe der Mutter bewusst zu machen, es zu achten und weiterzugeben ist wie Vergolden. Wir haben wie bei der Arbeit an einem Spinnrad viele Fäden in der Hand. Es sind die Fäden, die in unserem Leben zusammenlaufen. Vielleicht ist es nur ein einziger, den wir zu Gold spinnen, aber er bekommt nur durch uns seinen leuchtenden Glanz.

Literatur

Apter, Terri: »Mother-Daughter Envy: Truth or Fable?« In: *Psychology Today* 15. Dezember 2008

Bermudez, Marisela & Burleigh, Laura R.: *Mother-Daughter Relationships During Puberty*, Santa Barbara, University of California http://education.ucsb.edu/jimerson/adolescenceissues/ADmomrel.html

Blacknell, Lawana: *The Dowry of Miss Lydia Clark*, Bethany House 1999

Camerota, Steven A.: *Birth Rates Among Immigrants in America – Comparing Fertility in the U.S. and Home Countries*, Center for Immigration Studies, October 2005

Chodrow, Nancy J: *The Reproduction of Mothering*, Santa Barbara, University of California 1978

»Germany – The Rise Of The »bourgeois Family«: The German Family In The Early Twentieth Century – unemployment, gender, poverty, cohabitation«, 12. April 2010 http://family.jrank.org/pages/698/Germany-Rise-Bourgeois-Family-German-Family-in-Early-Twentieth-Century.html#ixzz0hpR6I6vg

Krasnow, Iris: *I Am My Mother's Daughter*, New York, Basic Books 2006

Lewis, Jamie Michelle: »Maternal Influence on Adolescents' Formation of Work-Family Gender Ideology: Variations by Gender, Race, and Ethnicity«, In: *Sociological Perspectives*, Vol. 50, Issue 2, pp. 249–271 Chapel Hill 2007

Lerner, Harriet Goldhor: *Zärtliches Tempo: wie Frauen ihre Beziehungen verändern, ohne sie zu zerstören*, Zürich, Kreuz 1990

Lloyd, Robin: »Trend: Daughters follow Dads' Footsteps«, In: *Life Science Senior Editor*; 16. März 2009

Mackenzie, JE: »Like mother, like daughter? Adolescents' perceptions of sexuality and fertility decisions within the context of the mother-daughter relationship«, In: *Dissertation Abstracts International*, 1999; 60 (4A):1330

Mulack Christa: *Natürlich weiblich, Die Heimatlosigkeit der Frau im Patriarchat*, Schalksmühle, Pomaskska-Brand 2004

Northrup, Christiane M.D.: *Mother-Daughter Wisdom*, New York, Bantam Books 2005

Ogden, Jane, Steward, Jo: »The role of the mother-daughter relationship in explaining weight concern«, In: *International Journal of Eating Disorders*, Volume 28 Issue 1, 78-83

Pinkola, Estés: *Die Wolfsfrau: Die Kraft der weiblichen Urinstinkte* Wilhelm- München, Heyne 1998

Secunda, Victoria: *When You And Your Mother Can't Be Friends*, New York, Dell 1990

Shaw, Gina: »Our Mothers, Ourselves: Mother-Daughter Relationships«, www.health.discovery.com/centers/womens/daughter/daughter-print.html, vom 24.Februar 2009

Sholomskas, Diane, Axelrod, Rosalind: »The Influence of Mother-Daughter Relationships on Women's Sense of Self and Current Role Choices«, In: *Psychology of Women Quaterly*, 1986, 10, 171-182

Somerset Maugham, William: *The Razor's Edge*, Doubleday 1944

Thériault, Jocelyne: »Sexual and Non-Sexual Intimacy in Romantic Relationships during Late Adolescence: The Role of the Mother-Daughter Relationship«, In: *Electronic Journal of Human Sexuality*, Volume 6, 2003

Wikipedia, List of Countries and Territories by Fertility Rate, http://en.wikipedia.org/wiki/List_of_countries_and_territories_by_fertility_rate